함경도 어마이

- 어느 월남 가족의 이야기 -

함경도 어마이 - 어느 월남 가족의 이야기 -

손 남 순(故 孫南順) 著

발행일 2022년 5월 15일
펴낸이 李 相 烈
펴낸곳 도서출판 에듀컨텐츠휴피아
출판등록 제2017-000042호 (2002년 1월 9일 신고등록)
주   소 서울 광진구 자양로 28길 98, 동양빌딩
전   화 (02) 443-6366
팩   스 (02) 443-6376
이메일 iknowledge@naver.com
Web http://cafe.naver.com/eduhuepia
만든이 기획·김수아 / 책임편집·이진훈 황혜영 이현지 이수민 김예빈
　　　　디자인·유충현 / 영업·이순우
정   가 15,000원

　　　　ISBN 978-89-6356-359-6 (03810)

ⓒ 2022, (故)손남순, 도서출판 에듀컨텐츠휴피아

* 본 책은 저작권법에 따라 보호받는 저작물이므로 무단 전재와 복제를 금지하며, 책 내용의 전부 또는 일부를 이용하려면 반드시 저작권자 및 도서출판 에듀컨텐츠휴피아의 서면 동의를 받아야 합니다.

• 표지(앞): 셋째 딸(장인명)이 어머니를 생각하며 그린 그림.

서문: 어머님의 회고록을 출판하며

작년 엄마의 49재(四十九齋)를 지내고 엄마 방을 정리하면서, "나의 인생 90년 일대기"라는 제목의 작은 공책을 발견하게 되었다. 공책을 열어 보니 안에는 엄마가 90세를 넘겨 살아오면서 가슴 속 깊이 묻어두었던 절절한 인생 이야기가 적혀 있었다. 물론 그 이야기들은 우리 5남매가 부모님 슬하에서 성장하는 동안 누누이 들어서 무의식적으로 암기할 정도로 친숙한 내용이었다. 한국동란이 발발하고, 서울에서 아버지가 폭격을 맞아서 연락이 두절되고, 소식이 끊긴 아버지를 찾아서 엄마는 수없이 많은 시신의 가마니를 들쳐가며 아버지 생사를 확인하셨다는 이야기, 아버지가 제2국민병으로 징집되어서 참전하는 바람에 남한에 아무 연고도 없는 엄마와 아기를 오산에 사는 아버지 친구네 집에 맡기고 가셨다는 이야기, 그날 엄마는 아기를 등에 업고 오산 낯선 동네 어귀에서 아버지의 뒷모습을 보면서 한없이 울었다는 이야기, 1·4 후퇴 때 기차 꼭대기에 올라타서 내려오지도 못하고 며칠씩 묶여 있는 동안, 등에 업은 아기가 기저귀도 갈지 못하고 추위와 배고픔으로 이질에 걸려 설사만 계속했다는 이야기, 엄마 혼자서 임진강을 건너 월남하여 아버지를 용산구에서 만나셨다는 이야기, 그리고 고향에 계시는 우리 할머니, 큰아버지, 고모, 외할머니, 이모들에 대한 어린 시절 단편적인 기억들이 90세를 넘기신 노인의 필체라고는 믿기 어려울 정도로 정확하고 구체적인 기록으로 남아있었다. 어린 시절 추석이나 설날 명절, 혹은 결혼식 등 집안 행사 때마다, 함께 월남해 오신 몇 집 안 되는 친척분들이 모여 밤을 새워서 이야기꽃을 피우며 나누시던, 우리들에게 익숙했던 그 이야기들이 생생하게 기록되어 있었다. 그런 때면 나는 항상 엄마나 아버지 무릎을 베고 그 이야기들을 듣다가 잠이 들곤 하였다.

하지만 말로만 전해 듣던 그 이야기들이 엄마의 필체로 생생하게 기록되어 있는 공책을 발견하였을 때, 우리 남매들이 받은 충격은 실로 적지 않았다. 90세를 넘기신 분의 기억력이라고 하기엔 너무나 생생하였고, 그 기록이 전하는 삶의 여정이 분단의 아픔을 겪고 있는 우리 민족의 이야기라는 점에서, 엄마가 남기신 기록의 의미를 더욱 깊이 소중하게 생각하게 되었다. 그리고 우리 남매들은 늦었지만 이 책을 출판하여 세상에 소개하기로 결정하였다.

두 분이 18세, 19세에 38선을 넘고 6·25 전쟁을 겪으면서 생사의 고비를 수도 없이 넘기시고, 남한에 정착해서 우리 5남매를 기르면서 겪으셨던 삶과, 그 삶의 고통을 극복하셨던 모습을, 또 함경남도 영흥이라는 우리 원적에 대한 풍경을, 고향에 남으셨던 우리 할머니, 큰아버지, 외할머니, 고모, 이모들에 대한 궁금한 많은 것들을 더 자주 여쭙고, 더 많이 알아보지 않았을까 하는 후회가 막심할 따름이다.

국토가 분단되고 6·25 전쟁이 발발한 지 어언 70여 년의 세월이 흘렀다. 우리 부모님 세대를 마지막으로 월남 가족 1세대의 많은 어르신들이 역사의 뒤안길로 사라지셨을 것이라 생각된다. 아직도 이 지구상에 남아있는 분단국가라는 불명예스러운 이름을 지우지 못하는 대한민국에서, 우리 남매들과 같은 월남가족 2세대들 또는 그 후손들에게 부모님들께서 자유민주주의를 갈망하면서 월남하여 정착한 역사적 과정을 가감 없이 인식하는 데, 이 책이 작게나마 도움이 될 수 있기를 희망한다.

또한 생사의 갈림길에서도, 뼈를 깎는 현실의 고통 속에서도, 스무 살도 안 되는 어린 나이에 혈혈단신 월남하여 가정을 꾸리는 과정에서도, 언제나 정직하고, 원칙을 지키며 타인을 배려한 우리 부모님의 삶의 태도를, 우리 자녀세대 나아가 그 후대의 자손들이 이 책을 통해 배울 수 있는 기회가 되기를 소망해 본다.

　참고로 이 책의 내용은 어머니가 남기신 "나의 인생 90년 일대기" 제목의 회고록을 편집이나 윤색없이 그대로 수록하였음을 밝혀둔다.

　　　2022년 5월 8일

1남 4녀 일동
장 수명
(故)화숙
명숙
인명
복명

故 **장상호**(張相浩), **손남순**(孫南順) 님

"두 분의 영전에 이 책을 바칩니다."

목 차

I. 나의 인생 90년 일대기 ·········· 3
- 나의 인생 90년 일대기 ·········· 5
- 일제 강점, 공산정권 출현 그리고 월남 ·········· 7
- 고향에 남으신 시어머님에 대한 기억 ·········· 11
- 홀로 넘은 임진강 ·········· 14
- 암담한 서울 생활 ·········· 17
- 1950년 6·25전쟁 발발 ·········· 21
- 행방불명된 남편 찾아 삼만리 ·········· 24
- 죽다 살아 온 남편 ·········· 28
- 암울한 미래 그리고 북송 차량 ·········· 31
- 끝없는 기다림, 서울 수복 ·········· 35
- 1951년 1·4 후퇴 ·········· 38
- 제2국민병 남편 또다시 아이와 단둘이 남다 ·········· 41
- 소식도 없고 돌아오지 않는 남편 ·········· 45
- 남편과 해후 ·········· 48
- 계속되는 징병 신체검사 ·········· 52
- 어려운 가운데서도 잘 자라주는 아이들 ·········· 54
- 서울 삼양동 시절 ·········· 65
- 금강산 남북이산가족 상봉 ·········· 70
- 이산가족 상봉 1년 만에 생을 마감한 남편 ·········· 73
- 탄현 주간보호센터 시절 ·········· 76

II. 추억의 사진첩 ·········· 81

III. 추모의 글 ·········· 101

부록. 가계도(家系圖) ·········· 145

함경도 어마이

― 어느 월남 가족의 이야기 ―

에듀컨텐츠·휴피아
Educontents·Huepia

I. 나의 인생 90년 일대기

Ⅰ. 나의 인생 90년 일대기

나의 인생 90년 일대기

손 남 순

내 고향은 함경남도(咸鏡南道) 영흥군(永興郡) 선흥면(宣興面) 용연리(龍淵里) 두메산골 능바위라는 동네, 일년 내내 쌀밥 한번 못 먹고 감자 옥수수가 주식인 화전민이 모여 사는 곳. 동서남북 사방이 산으로 둘려 있고 시냇물이 흘러내려 가는 서쪽만 열려있는 30여 호가 사는 곳. 벽시계 하나 없고, 밤이 되면 등잔불 밑에서 지냈다. 날이 새면 태양을 바라보며 40리 길을 걸어가야 면사무소가 있고, 소학교가 있는 곳, 그곳에 우리 집은 딸부자 집, 나는 넷째 딸이었다.

아버지께서 우리 가문에 대를 이어갈 아들이 없다고 다른 부인을 맞이하여 왔다. 우리 집에서 대문만 열면 바라보이는 곳에 그 부인의 집을 마련해 놓고, 아버지는 늘 그 집에 가서 계셨고, 식사는 우리 집에서 하셨다. 어머니는 그렇게 살면서 깊은 잠을 못 이루고 어린 딸들만 데리고 소염이나 담아 주시며 밤을 지새우셨다. 그런 어머님을 내가 모시고 살지는 못할망정, 내 나이 90세가 되어 가면서 그 어머니께 옷 한 벌 못해 드리고 따뜻한 식사 한 번 못 해 드리고, 내가 이제 땅 속에 묻힐 나이가 되었다. 과연 내가 무슨 말을 할 수 있겠는가?

함경도 어마이 ❖ 어느 월남 가족의 이야기 ❖

"나의 고향": 탄현주간보호센터 시절 그린 그림(2016년)

Ⅰ. 나의 인생 90년 일대기

일제강점, 공산정권 출현 그리고 월남

　내 나이 16세 때 초등학교를 졸업하였다. 당시에는 우리 고향에 초등학교 졸업장을 딴 여자아이는 없었다. 왜냐하면 우리 집에서 학교까지 가는 길이 너무나 멀고 험해서, 학교를 졸업하기에는 정말로 대단한 인내심과 공부하고 싶은 열의가 필요했다. 보자기에 책을 넣고 허리춤에 차고, 산 하나를 완전히 넘어야 학교에 도착할 수 있었다. 여름이면 산등성이의 칡덩굴에 온 다리가 긁혀서 피가 나고, 장마철에는 강물이 넘쳐서 먼 길로 돌아서 가야만 했고 겨울철에는 등하교의 왕복 길에 손과 발에 동상이 떠나지 않았다.
　이렇게 학교를 오고 가는 길도 험난한데, 농번기에 일손이 부족해서 집에서 농사일을 거들어야 하는 형편이 발생하면, 학교를 갈 수 없는 상황이 빈번히 일어나곤 했다. 그래도 나는 학교에서 공부를 하는 일이 참으로 신이 나고 즐거웠다. 그래서 어렵고 힘든 가운데 초등학교를 졸업하게 되었고, 그 당시에는 초등학교 졸업장이 있으면 초등학교 선생님을 할 수 있었다.
　나도 남편과 약혼을 하고 남한으로 내려오지 않았더라면, 고향에서 초등학교 선생님을 하고 있었을지도 모른다. 지금도 나이가 들어서 밤에 잠이 안 오는 날에는 일제 강점기에 학교에서 일본식 이름만 사용하도록 강요받았던 시절, 내 옆, 앞, 뒤에 앉아서 함께 공부했던 친구들의 일본식 이름을 하나씩 되뇌어 본다.

 **함경도 어마이** ❖ 어느 월남 가족의 이야기 ❖

영흥에 관한 신문기사(1992년 4월 15일 조선일보)

Ⅰ. 나의 인생 90년 일대기

　학교를 졸업하고 집에서 누에치고 길쌈을 하면서 집안일을 돕고 있었다. 그 지독하고 못된 야만인 일본 침략자들이 우리 한국 사람을 노예로 삼고, 성을 갈고 자기네 성을 따르게 하면서 36년 동안 못살게 하더니, 제2차 세계대전 – 대동아전쟁 – 말기에 우리 한국의 학생들은 전쟁터에 징병으로 끌어가고, 청년들은 징용이란 명칭을 달아 각 공장이나 광산 같은 힘든 일로 다 데려가고, 50-60대 노인들은 보국대라는 이름을 붙여 땅을 파고 짐을 나르는 일을 시키고…….
　그 당시, 한국에는 남자가 거의 없었다. 그리고 젊은 처녀들은 17세가 되면 정신대라는 이름으로 왜놈 군인들의 접대부로, 위안부로 끌려갔다.

　그때 내 나이 17세가 되어 아버지께서 나도 정신대로 끌려갈까 봐 약혼을 시켰다. 신랑감은 20세가 되는 사람, 장씨 집안의 둘째 아들로 고등학교를 중퇴한 사람이었다. 그 집은 아버지는 안 계시고 할머님하고 어머니, 형님이 계셨다. 땅을 좀 넉넉히 가지고 경제적으로 넉넉한 가정이었다. 농사지을 일꾼이 없어서 땅은 다 소작인이 농사를 짓고 있었다. 그래서 해방이 되고 공산주의가 되고, 김일성의 나라가 되고 나서 지주라는 이름으로 땅을 다 몰수당하고 반동분자로 몰렸다. 그래서 이 신랑감 되는 젊은 사람은 학교도 더는 다닐 수 없게 되었다.

함경도 어마이 ❖ 어느 월남 가족의 이야기 ❖

젊은 날의 남편 모습(단기 4290 : 서기 1957년)

Ⅰ. 나의 인생 90년 일대기

고향에 남으신 시어머님에 대한 기억

사실 나는 고향에서 약혼만 한 상태로 약혼자를 따라서 남한으로 넘어왔기 때문에 고향에 계시는 시어머님과 함께 보낸 시간이 별로 없다. 따라서 그분과 함께한 추억도 거의 없다고 해도 과언이 아니다. 내가 고향의 일가친척들에게서 들은 그분에 대한 평판을 종합해 보면 나의 시어머님은 굉장히 마음이 넓고, 강인하여 경제적인 능력도 보통 수준 이상을 가지고 계신, 그 당시 여성으로서는 갖추기 힘든 여장부이셨던 것 같다. 시아버님은 젊은 나이에 일찍이 돌아가시고 슬하에 남겨진 아들 둘에 딸 하나를 기르셨다. 또한 홀로 되신 시어머님(우리 애들의 증조할머님)을 모시면서 많은 농사일을 홀로 감당하시고, 집안의 살림을 늘리신 신체적으로 매우 건강하고 정신적으로도 강인한 성격의 소유자라고 소문이 자자하셨던 분이다.

내가 들었던 시어머님에 대한 이야기 중 기억에 남는 것 몇 가지가 생각난다. 시댁의 농토가 꽤 많아서 농사일이 굉장히 많으셨는데, 매일 아침이면 밭에서 일하시면서 마실 물과 요깃거리를 머리에 이고 집에서 굉장히 먼 곳에 있는 밭이나 논으로 나가서 하루 종일 일을 하시고 해가 져서야 집으로 돌아오셨다. 많은 농사일을 혼자서 감당하는 것도 힘이 드는 일인데, 집에 오시면 누에를 치고 명주를 팔아서 재산을 많이 불리셨다고 한

함경도 어마이 ❖ 어느 월남 가족의 이야기 ❖

다. 해서 그 동네에서는 나의 시댁이 현금이 제일 많은 집으로 소문이 나고, 시어머님 전대에는 돈이 마르지 않는다고 해서 일제 강점기에는 일본 순사들조차 현금이 필요하면 우리 시어머님께 와서 현금을 빌려갔다는 소문이 날 만큼 시댁은 경제적으로 꽤 넉넉한 집안이었다. 이렇게 집안을 일으켜 세우는 데는 남편도 없이 홀시어머님을 모시면서 3남매를 기르신 시어머님의 공이 가장 컸다고 생각한다.

하지만 시어머님이 정신적으로 강인하고 경제적인 능력만 가지신 분은 아니셨다고 한다. 그 누구보다도 너른 마음과 사람을 감싸안는 포용력을 겸비하신 분이었다고 한다. 나의 시숙, 그러니까 남편의 형님이 결혼을 해서 큰며느리를 보게 되셨는데, 시집온 큰며느리의 치아가 많이 상해있었다고 한다. 웃으면 충치로 많이 손상된 앞니가 보여서 모습이 좋지 않았다고 한다. 그 모습을 보시고 시어머님께서는 새로 시집온 당신의 큰 며느리의 치아를 금으로 치료를 해주셨다고 한다. 그 당시 시골에서 금으로 치아를 한다는 것은 누구에게나 커다란 부러움의 대상이었다. 마을 사람들은 새댁이 금니를 한 가득 입에 물었다는 소문을 내면서 부러워하고, 그 경제적인 능력보다는 시어머님의 너른 마음씨와 크나큰 배려심에 다시 한번 놀랐다고들 한다.

시어머님이 활달하시고 유능하시니 항상 많은 사람들이 우리 시댁에 모여들었는데 농한기에 우리 시댁의 사

I. 나의 인생 90년 일대기

랑방에는 온 동네 아낙네들이 모여서 밤새 호롱불 밑에서 길쌈을 삼으면서 웃음꽃을 피웠다고 한다. 그러다가 깜깜한 겨울밤에 변소라도 가고 싶은 동서들이 나오면 우리 시어머님이 항상 먼저 상대방의 마음을 헤아리시고, "○○○ 동서 나랑 같이 뒷간에 같이 갈까? 나도 가고 싶은데 ……." 하시면서 먼저 방문을 열고 앞장을 서셨다고 한다. 그런데 똑같은 일들이 밤새 여러 번 반복되어도 얼굴 한 번 찡그리시지 않고 추운 겨울밤, 내 집에 온 일가친척들의 화장실 출입을 챙기셨으니, 그 인품의 넉넉함은 미루어 짐작할 수 있겠다.

이다지도 인품이 좋고 훌륭하신 시어머님과 함께 살아 보지도 못하고, 우리 시댁의 땅에서 농사 한 번 지어보지 못하고 남한으로 내려와서 고향 땅을 다시 밟아 보지 못하고 90 평생을 살았으니, 내 가슴에 고향이란 그리움을 넘어 커다란 한스러움으로 남아있다. 공산주의가 북한에 들어오면서 우리 시댁의 그 많던 재산도 몰수당하고, 시댁 식구들도 어디로 이주하게 되었는지 소식 하나 못 듣고 평생을 살아왔으니 나와 나의 남편의 마음에는 여한이 가득하다.

함경도 어마이 ❖ 어느 월남 가족의 이야기 ❖

홀로 넘은 임진강

　내 나이 19세가 되어서 약혼식을 하였고, 남편감은 대한민국에 가야 살 수 있다고 월남할 것을 결심하고, 남편이 먼저 서울로 내려왔다. 그 당시에는 남한과 북한이 편지를 주고받을 수 있고 서로 왕래도 가능하던 시절이었다. 어느 날 시어머님이 남편이 서울에서 보낸 편지 한 통을 들고 고향집에 있는 나를 찾아오셨다. 시어머님은 이제 가을이 되면 추수도 해야 하는데 집에 남자가 없어서 걱정이니, 네가 이 편지 봉투에 적힌 주소로 찾아가서 남편을 데리고 집으로 오라는 말씀을 하셨다. 그 당시에는 고향에서 정혼을 한 사이라고 하면 이미 그 집의 며느리로 인정을 받는 풍습이었기 때문에 나는 시어머님의 말씀을 감히 거역할 수가 없었다. 그래서 그 편지 한 통을 들고 남편이 있는 서울로 찾아가기로 결심을 하였다. 그때는 돈을 받고 임진강을 건너서 남한으로 넘겨주는 도강꾼들이 많이 있었다. 나도 집에서 소개해 준 도강꾼들을 따라서 임진강을 건너게 되었다. 때는 초여름, 치마를 걷어 올리고 맨발로 임진강변 얕은 물길을 밤새 걸었는데도 춥지 않았던 기억이 난다. 밤새 강을 따라서 걷다 보니, 새벽 동이 틀 무렵, 임진강 너머 환한 불빛들이 보이기 시작했다. 사람들이 저기가 바로 남한이라고 알려주었다. 당시에는 삼팔선 인근에 사는 마을에서는 이북에서 넘어오는 사람들을 무조건 환영하고 집에서 잠을 자고 음식을 먹게 해주었

I. 나의 인생 90년 일대기

다. 나도 대문을 열고 나를 맞이해주는 한 집에 들어가 허기를 때우고 잠을 자고 남편을 찾아서 서울로 갈 채비를 할 수 있었다. 내가 묵었던 그 방에는 임진강을 건너서 월남을 한 나와 비슷한 처지의 사람들이 가득했던 기억이 난다.

　서울로 온 나는 시어머님이 주신 편지 봉투에 적힌 주소를 찾아서 용산으로 갔다. 사실 남편을 찾으러 서울로 왔지만, 정말로 남편을 만날 수 있으리라는 희망은 거의 없었던 상태에서 무조건 서울로 왔다. 지금 생각해보면, 무슨 용기로 혼자서 38선을 넘고 서울로 왔는지 상상이 안 된다. 남편을 만나서 남한에서 가정을 꾸리고 살라는 내 운명인지…… 내 이름이 남순(南順)이라서 이름의 의미대로 남쪽에서 살라는 운명이라고 애써 해석해본다. 아무튼 내가 편지 봉투의 주소지를 찾아서 길을 헤매고 있는데, 이게 또 무슨 운명이란 말인가? 바로 앞에서 걸어오는 사람이 바로 내 약혼자가 아닌가? 정말로 신의 도우심이 없이는 발생할 수 없는 일이 벌어진 것이다. 나는 그 주소지 부근에서 별로 고생도 하지 않고 남편을 만날 수 있었다. 남편을 따라서 찾아간 집은 서울역 뒤의 연달아 붙어 있는 작은 하숙방에 젊은 청년들이 5-6명 씩 기거를 하는 곳이었다. 그리고 함께 기거하던 젊은이들도 모두 북한에서 자유 대한민국을 찾아서 내려온 월남민들이었다.

　그래서 나와 남편이 자유 대한민국 서울에서 처음 자리를 잡고 주소지를 등록한 곳이 "서울시 용산구 원효

함경도 어마이 ❖ 어느 월남 가족의 이야기 ❖

로 4가 66번지"이고, 우리 아이들의 호적지가 바로 이곳으로 등재되어 있다.

제적등본

본 적	서울특별시 용산구 원효로4가 66번지					
호적편제	[취적신고일] 1953년 09월 15일 [원적] 함경남도 영흥군 장흥면 정산리 157번지 [편제일] 1953년 09월 15일					
	전호주와의 관계	장성하의 자			전호적	
부	장성하	성별	남	본	입적 또는 신호적	
모	김보옥			仁同		
호주	장상호(張相浩) [제적]				출생	서기 1928년 04월 25일
					주민등록번호	280425-
출생	[출생장소] 함경남도 영흥군 장흥면 정산리 157번지 [호주상속일] 1928년 10월 20일 [호주상속사유] 전호주 사망					
혼인	[혼인신고일] 1944년 04월 10일 [배우자] 손남순					
부	손동운	성별	여	본	전호적	함경남도 영흥군 장흥면 정산리 157번지 호주 손동운
모	김생화			慶州		
					입적 또는 신호적	
처	손남순(孫南順) [제적]				출생	서기 1929년 03월 10일
					주민등록번호	290310-
혼인	[혼인신고일] 1944년 04월 10일 [배우자] 장상호					
취적	[취적사유] 법령 제179호 [신고일] 1953년 09월 15일					

등록한 주소지 : 서울시 용산구 원료로 4가 66번지

Ⅰ. 나의 인생 90년 일대기

암담한 서울 생활

　1947년에 남편과 나 우리 두 사람은 서울에서 생활하기 시작했다. 철부지 두 사람의 서울에서의 세상살이는 너무나 암담하고 답답하였다. 남편은 학교 졸업장도 없고, 자격증도 없고, 무슨 아는 사람이나 친척도 없는 서울에서 거처할 곳이 없어서 3개월 동안 안면이 조금 있는 사람의 집을 전전하다가 남편이 임시직으로 일을 다녀 모은 2만 원으로 서울 용산구 도원동이라는 산비탈 동네에 있는 방 1칸을 빌렸다. 그런데 산동네라 수돗물이 없어서 양동이를 들고 비탈길을 걸어 내려가서 깡통에다 줄을 매어서 30-40번을 들어 올려야 했고, 그 양동이를 들고 비탈길을 올라오는데, 너무 힘들고 암담하였다. 남편이 가끔씩 주인집 물지게를 빌려서 물을 길어다 주었다. 그 집에서 언덕 넘어 한참 가면 서울의 한강이었다. 빨래는 한강에 가서 빨아 입었다.
　그렇게 그 집에서 큰애가 태어나고 2년 동안 살았다. 그러면서 결심했다. 월급 타는 돈을 조금씩 모아 가지고 수돗물 있는 집으로 이사하려고 결심을 하였다. 우리 두 사람은 집에서 떠나 올 때 목숨을 걸고 삼팔선을 넘어오느라 아무것도 못 가지고, 나는 검정 치마에 하얀 저고리 입고, 남편은 검정색 교복 차림으로 서울에 도착하였으니, 밥 떠먹을 수저 밥그릇이나 냄비는 커녕, 덮고 잠잘 이부자리까지 돈을 벌어서 사야 했기 때문에 살아가기가 너무 힘들고 고통스러웠다.

함경도 어마이 ❖ 어느 월남 가족의 이야기 ❖

고향에서 못 올린 결혼식이 한이 되어 서울에서 만든 결혼사진

Ⅰ. 나의 인생 90년 일대기

　남편이 조금 타 오는 월급으로 먹고 살아야지, 옷도 한 가지씩, 신발도 한 켤레, 이렇게 살아가면서 수도 있는 집으로 이사 갈 돈을 모으느라, 둘 다 떨어진 옷을 입고 떨어진 신발을 신고 살면서 피나는 노력으로 2년 만에 2만 원을 모아 가지고 살던 집에서 좀 더 한강 가까운 동네의 수도가 있는 집으로 이사를 갔다.

　내 몸속의 피보다 더 소중한 우리 전 재산 5만 원짜리 방으로 이사를 갔는데 사기를 당할 줄이야! 하나님도 무심하시지! 그 집 앞마당에 서 있는 수도는 몇 년째 물 한 방울 나오지 않는 녹슨 수도였다. 주인집도 옆집에서 물을 길어다 먹으면서 녹슨 수도꼭지 앞에 양은 대야 2개나 놓고 물을 옆집에서 길어다 가득가득 부어 놓아서 세상 물정을 모르는 자식 같은 우리를 속여 먹었다. 지금 생각해보아도 자기네도 자식이 8명이나 되면서 우리 같이 어린 부부에게 사기를 치다니 천벌을 받아도 마땅하다고 생각된다. 우리는 또 옆집에서 물을 길어다 먹으면서 주인집한테 아무 말도 할 줄 모르고 살고 있었는데, 그러나 이 억울함은 아무것도 아니었다. 3만 원을 모으느라 옷도 다 떨어지고 다 떨어진 신발짝을 끌고 다니며 먹을 양식마저 떨어져, 한 푼 없이 월급날만 손꼽아 기다리는데 월급 탈 날짜가 25일 - 이것은 또 무슨 운명의 장난인가 - 그 천인공노할 6·25전쟁! 남편이 월급 받으러 회사에 갔더니 회사는 이미 문을 닫고 사라져 버렸다.

함경도 어마이 ❖ 어느 월남 가족의 이야기 ❖

탄현주간보호센터 시절 색칠공부(2017년)

Ⅰ. 나의 인생 90년 일대기

1950년 6·25 전쟁 발발

　아~아 우리는 이제 어떡해야 하나? 쌀도 없고 돈도 몇천 원밖에는 없는데. 6월 25일! 그날부터 남편의 먼 친척인 은행에 다니는 집에 가서 돈 2천 원, 밀가루 조금 얻어다가 끓여 먹는데, 공산정권이 들어와서 배급을 준다며 생감자 한 바가지를 받았다. 온 동네 사람들이 피난을 다 떠나갔는데, 우리는 갈 곳도 없고 돈도 없어서 그냥 그 집에 살고 있었다. 6월 25일 이후로 미국 비행기 B29가 서울 하늘에 날아와 수시로 시내에 폭격을 하였다.
　6월 28일일까? 그날 우리 남편이 폭격을 맞았다. 서울시청 앞 동네에 남편의 먼 친척 되시는 형님 한 분이 살고 계시는데, 그분은 무선 기술을 하는 기술자이기 때문에 전쟁 중에도 근무하고 계셨다. 그날 아침 6시쯤 되어서 남편이 그 집에 양식을 얻으러 아침 일찍 집을 나갔다. 그런데 가다가 한 30분쯤 후에 구청에 볼 일이 있어서 들렀는데 그 시각에 B29 미국비행기가 구청 건물을 폭격하여 구청 건물이 완전히 무너져 버렸다.
　나도 남편이 나가고 조금 후에 옷을 빨아서 줄에 걸어 놓으려고 서 있는데, 갑자기 방에서 아기가 놀라서 울고 벽이 흔들리더니 사방이 어두워지고, 온 동네 사람들이 아우성을 치면서 윗동네를 향해 달려가고 있었다. 그래서 나도 아이를 안고 주인집 아주머니하고 윗동네 쪽을 향해 달려갔다. 우리 집에서 뒤쪽으로 올라

함경도 어마이 ❖ 어느 월남 가족의 이야기 ❖

가면 큰 고아원이 한 채 있었는데, 비행기가 고아원에는 폭격을 안 한다고 하여 고아원 쪽으로 달려간 것이다. 그날 그것이 큰 오산이었다. 고아원 위쪽에 돈 만드는 건물이 있었는데 비행기가 그 건물을 향해 폭격한다는 것이 잘못하여 고아원을 폭격하여 많은 사람이 사망하였다. 나도 주인집 아주머니하고 고아원을 향해 달려가다가 비행기 소리가 또 들리기에 어느 집 현관에 숨었다가 집으로 돌아왔다.

그날 시간이 열 한시가 넘었다. 어제 저녁도 감자 몇 알로 때웠는데 또 감자 몇 알을 먹고 남편을 기다리고 있었다. 그런데 남편은 저녁이 되고 새벽이 되어도 돌아오지 않았다. 나는 아이와 함께 감자 몇 알을 먹고 밤을 지새웠다. 다음날 아침 6시쯤 되어서 어제 아침에 남편하고 같이 집을 나갔던 청년이 안집 마당에 왔다. 달려가서 우리 아기 아빠를 보지 못하였느냐고 물었더니, 그 사람이 깜짝 놀라면서 "어제 아침에 같이 오다가 장 씨가 구청에 볼일이 있다고 들어갔는데, 내가 오다 보니까 구청건물이 폭격에 폭삭 무너져 없어졌는데" 하는 것이다. 그 당시 내 심정은 눈앞이 깜깜하고 심장이 멈출 것 같았다. "이제 나는 어떻게 해야 하나?" 어제 저녁도 남편을 기다리다가 날밤을 지새웠는데 아침에 먹을 것도 없고, 그냥 아침 7시나 되었을까? 아기를 등에 업고 구청건물까지 - 폭격으로 전선이 다 끊어져 전차도 안 다니고 - 1시간을 걸어서 구청 정문 앞까지 갔다. 구청 정문에서 앞마당 쪽을 들여다보았더니 안쪽

I. 나의 인생 90년 일대기

마당에 가마니가 1장 기다랗게 깔려 있었다. 그 가마니 안쪽에서 시커먼 머리털이 보이고, 반대쪽에는 농구화 끝이 보였다. 나는 정신없이 달려가서 가마니를 열어젖혔다. 시체 7구가 놓여 있었다. 그 속에는 곱슬머리도 보이고, 감색 농구화 끈도 보였다. 내 남편은 곱슬머리에 곤색 농구화를 신었고 노란색 와이셔츠를 입었다. 정신없이 시체를 만져 보다가 옷을 보니까 노란색 와이셔츠가 아니었다. 가마니를 덮어 버렸다.

탄현주간보호센터 시절 색칠공부(2017년)

함경도 어마이 ✧ 어느 월남 가족의 이야기 ✧

행방불명된 남편 찾아 삼만리

　구청 입구 나무간판에 폭격으로 부상당한 사람들과 죽은 사람들이 실려 간 병원 이름들이 적혀 있었다. 그 속에는 남편 이름이 없었다. 병원 이름은 시청 앞 체신보건병원, 을지로에 있는 시립병원, 동대문의 부인병원 등이었다. 나는 아기엄마인데 어제 저녁식사도 오늘 아침식사도 못한 채, 벌써 8시 30분이 지나고 있었다. 또다시 아이를 추슬러 업고 시청을 향해서 걷기 시작했다. 등에 업고 있는 아기도 어미가 굶고 있어서 젖을 얻어먹지 못하고 있다. 걷고 또 걸어서 시청 앞 보건병원 앞에 도착하였을 때는 10시 30분이었다. 햇볕이 내리쬐고 날씨가 더워졌다. 젖도 못 먹이고 끌고 다니다 보니 등에 업힌 아기가 울기 시작했다. 시청 보건병원 울타리를 기대고 앉아서 아기를 내려다보니 아기가 설사를 하고 울고 있었다. 나도 같이 울면서 변을 닦아서 휴지통에 버리고 아기에게 나오지도 않는 젖을 물려서 달래어 업고 병원 안으로 들어갔다.

　보건병원 정문 벽에 걸려있는 게시판에는 병원에 와서 죽은 사람과 살아있는 환자들의 이름이 적혀 있었다. 거기에도 남편 이름은 없었다. 나는 그래도 혹시나 병원 안에 있는 사람들 중에 남편이 있지 않을까 하고 병원 안으로 들어갔더니, 학교 교실만한 마룻바닥에 돗자리도 깔지 않은 채, 몸이 부러지고 잘라진 환자들이 치료라는 것도 없이 빨간 약만 발린 채로 빼곡히 누워

Ⅰ. 나의 인생 90년 일대기

있었다. 나는 정신없이 아이를 등에 업은 채로 그 많은 사람들이 누워 있는 속을 헤매고 다녔다. 남편은 보이지 않았다. 시간은 이제 오후 4시가 다 되어간다. 무슨 힘으로 무슨 정신으로 걸어 다녔는지, 또 동대문 부인병원을 찾아서 걸어갔다. 그 병원에도 남편은 없었다. 나는 한 가지 생각이 떠올랐다. 청량리 뚝섬에 남편의 먼 친척 되는 동생 한 분이 살고 있었다. 나는 혹시 남편이 그 동생 집에 가지 않았을까 하고 뚝섬을 향해 걸어갔다. 시간은 5시 30분 저녁 먹을 때가 되었다.

  그 집에서도 남편 소식을 듣고 깜짝 놀란다. 그 집도 먹을 양식이 없어서 그 동네 양배추 밭에서 양배추를 훔쳐다 삶아서 먹고 있었다. 나는 양배추 찐 것을 조금 얻어먹고 아기에게도 양배추 삶은 국물을 떠먹이고 나서는, 해가 지고 노을이 지는 저녁에 또다시 아기를 업고 남편을 찾아 나섰다. 이번에는 그 집을 나와서 어둠이 깔려있는 청량리에서 걸어서 서울역 뒤에 사는 남편의 친척집 - 어제 아침에 남편이 양식을 얻으러 떠나간 집 - 혹시 남편이 그 집에 가지 않았나 하고 그 집을 물어물어 찾아갔다. 그 더운 여름에 아기를 등에 업고 이틀이나 굶은 채로, 등에 업은 아기를 돌볼 겨를도 없이 남편을 찾아 걷고 또 걸어서 목적지인 그 집에 도착했을 때는, 해는 져서 어둡고 옆 사람도 잘 안 보이는데 그 집에서는 저녁 식사를 하고 있었다.

  나를 보고 그 집 식구들이 깜짝 놀란다. 이 시간에 웬일이냐고? 내가 우리 남편이 어제 아침에 집을 나갔

함경도 어마이 ❖ 어느 월남 가족의 이야기 ❖

는데 아직도 소식이 없어서 오늘 아침부터 찾아다닌다고 하니까, 그 집 아주버니 되시는 분이 깜짝 놀라면서 이 사람이 어제 그 포격에 죽었나보다고 한탄을 토해 내셨다. 나는 오랜만에 그 집에서 저녁밥을 먹었다. 저녁 7시가 넘어서 어두운 밤이 되었다. 그때는 전시라서 밤이면 통행금지가 되어서 밤에 밖에 나다닐 수가 없었다. 그리고 전화시설도 되어있지 않아서 직접 사람이 찾아가지 않고는 연락을 할 수가 없었다. 그래서 혹시 남편이 우리 집에 와있지 않나 알 수가 없어서 그 어두운 밤에 또다시 아기를 등에 업고 친척집 아주머니하고 우리 집에 가보려고 그 집 뒷산을 넘어가니까 효창공원이 나왔다.

 무서운 줄도 힘든 것도 모르고 캄캄한 그 밤에 우리가 사는 집에 도착하여 대문을 열고 마당에 들어서니, 주인집 아저씨가 깜짝 놀라며 아기엄마는 어디에 갔다가 지금에야 오느냐 하며, 아기 아빠가 구청에 볼 일이 있어서 들어갔다가 폭격을 맞아서 몸을 많이 다쳐 노량진 철도병원에 입원하여 있다고 오늘 낮에 병원에서 사람이 두 번이나 왔다 갔다고 하신다. 철도병원은 우리가 사는 집에서 1시간도 안되는데, 철도병원을 알려주는 곳이 없어서 나는 그 더운 여름날 아이를 등에 업고 이 넓은 서울 시내를 헤매고 다녔나 하고 너무나 슬퍼서 눈물이 흘러내렸다. 그런데 또 걱정이 생겼다. 남편의 형님 되시는 분에게 남편이 살아 있다는 것을 알려 드려야 하겠는데 전화시설이 되어있지 않아서 알려 드릴 수가 없었다. 그래서 또다시 집을 나와 효창공원을

I . 나의 인생 90년 일대기

돌아서 서울역 뒤 그 어르신 집에 가서 우리 남편이 살아있다는 것을 알려드리고 그날 밤을 그 집에서 지새웠다.

탄현주간보호센터 시절 색칠공부(2017년)

함경도 어마이 ❖ 어느 월남 가족의 이야기 ❖

죽다 살아 온 남편

　다음날 아침 일찍 그 집 어르신하고 노량진 철도병원에 갔다. 남편은 한쪽 다리를 많이 다쳐서 그쪽 바지는 잘라버리고 얼굴은 포격할 때 파편이 튀어서 얼굴에 까만 딱지가 붙어 있어서 검게 보이고, 누워있는 침대 밑에는 2~3일 동안 돌봐주는 사람이 없어서 그냥 침대에 앉아서 소변을 보았는지 침대 밑에 소변이 흥건히 고여 있었다. 남편이 나를 보더니 왜 이제야 왔느냐고 성을 내었다. 나는 2~3일 동안 식사 한번 제대로 하지 못하고 그 더운 여름에 아기를 등에 업고 그 넓은 서울 시내를 헤매고 다녔는데. 나는 설움이 복받쳐 할 말을 잊었다. 다리 한번 제대로 뻗지 못하고, 잠 한번 못 자고 그 넓은 서울 시내 병원이란 곳은 다 찾아다녔는데, 전차도 못 다니는 서울 바닥을 용산역에서 청량리 뚝섬까지 아기를 등에 업고 헤매고 다녔는데 너무나 억울하여 통곡을 하고 싶었다.
　노량진 병원에서 하루를 누워있으니까 남편이 폭격에 놀란 사람이라 미국 비행기가 매일 한강 인도교를 폭격하는 소리에 못 있겠다고 하여 친구 여러분이 와서 시청 앞 체신병원으로 옮겨 주었다. 물론 치료는 없었다. 빨간 약을 바르고 하루 3번 죽으로 식사하는 것 밖에는 없었다. 남편은 이 폭격으로 왼쪽 무릎 옆에 어른 주먹만 한 크기로 깊게 패인 상처를 지니게 되었으며, 사람들은 그런 상처를 입었는데 걸을 수 있게 된 것만이라

I. 나의 인생 90년 일대기

도 기적이라고 말하였다. 나도 그날 폭격 이후 살아서 남편을 만나고, 또한 극심한 다리 상처에도 남편이 걸을 수 있게 된 것을 정말로 하늘의 도우심이라고 생각한다.

　나는 그동안 집에 가서 한강 둑에서 냉이를 뜯어다가 보리쌀로 죽을 끓여 먹으며 2~3일에 한 번씩 병원에 찾아갔다. 그러면 병원에서 보는 사람마다 애기엄마는 어디를 다쳤냐고 물어본다. 내가 너무 지쳐있던 어느 날, 아주머니들 말하는 것을 들으니까 새로 산 옷을 가지고 농촌에 가면 보리쌀하고 바꾸어 준다고 한다. 나도 농촌에 가보려고 새 옷이라고는 분홍색 긴치마 한 벌밖에 없는데, 그것을 싸가지고 아이를 업고 시골에 갔더니 이제는 옷 바꾸는 것을 안 한다고 하여 그냥 돌아왔다.

　남편은 그나마 병원에 입원하여 있으니까 죽이라도 하루 3번 먹고 있는데, 나는 양식이 없어서 너무 힘이 들었다. 참으로 막막하였다. 그러다가 생각이 하나 떠올랐다. 지난번에 내가 담근 우리 집 조선간장을 병원식당에 팔았었다. 그래서 병원식당 아주머니한테 물어 보았다. 그랬더니 간장이 있으면 또 가져오라고 한다. 그래서 나는 이제 살았다 하고 집에 가서 간장 2병을 가져다가 병원식당에 팔아가지고 그 돈으로 보리쌀을 사서 안집에 있는 맷돌에다 갈아서 죽을 쑤어 먹고 지냈다. 그렇게 시간이 흘러 1개월이 되었다. 남편이 입원한 지 1개월이 되어서 지팡이를 짚고 한 발자국씩 걸어 다

함경도 어마이 ❖ 어느 월남 가족의 이야기 ❖

닐 수가 있었다. 드디어 병원에서 퇴원하여 집으로 돌아왔다. 그런데 또 걱정이 생겼다. 우리가 사는 집이 한강에 가까워서 미국 비행기의 한강 인도교 폭격소리 때문에 남편이 또 놀라서 못 있겠다고 하여서, 생각 끝에 우리가 먼저 살던 동네가 한강에서 떨어져 있어 폭격소리가 좀 덜 들릴 것 같아서 그 동네에 올라가 보니 동네마다 모두 피난가고 빈집이 있었다. 옆집에 할머니만 살고 계시기에 할머니네 집 건넌방을 빌려서 지내게 되었다. 그런데 또다시 양식 때문에 지내기가 힘들었다. 가까운 과자공장에 가서 과자 부스러기도 주워다 먹고, 두부공장에서 버려진 비지도 주워다 먹고 시래기죽도 쑤어 먹고 너무 힘들고 비참한 생활을 이어갔다.

탄현주간보호센터 시절 종이접기(2018년)

Ⅰ. 나의 인생 90년 일대기

암울한 미래 그리고 북송 차량

　그때가 6·25전쟁 끝날 무렵이라 북한 공산당원들이 최후의 발악으로 38선을 넘어와 대한민국에서 살고 있는 젊은 사람들에게 북한의 고향에 돌아가면 집도 주고 직장도 주어서 행복하게 살 수 있다고 속여서, 포천에서 트럭으로 실어서 이북으로 넘겨 보낼 때였다. 집주인 할머니가 그것을 아시고 젊은 사람들이 그렇게 굶주리고 살아남을 수 있겠냐고, 지금 북한에서 서울에 와서 살고 있는 사람들을 밤마다 포천에서 트럭으로 실어 보낸다는데 아기엄마도 가다가 죽는 한이 있더라도 고향으로 가 보지 그러냐 하면서 이렇게는 살 수가 없다며 걱정을 하신다. 그날 밤 우리 두 사람은 깊은 잠을 못 이루고 생각 또 생각 끝에 여기서 이렇게 고생을 하느니 삼팔선 너머 내 고향으로 돌아가기로 결심하였다.

　이튿날 아침 일찍부터 서둘러 남편은 지팡이를 짚고 보따리를 매고 나는 아이를 업고 집을 나섰다. 차가 다니지 못하는 때라 걸어서 가야 하는데, 남편은 지팡이를 짚고 나는 아기를 등에 업고 걸어가니 아침부터 하루 종일 걸어갔는데도 저녁때가 다 되어서 청량리에 도착하였다. 피난을 떠나고 비어 있는 집에 들어가서 그날 밤을 지내고 이튿날 아침 8시쯤 그 집을 나와 경기도 포천을 향해서 한참 걸어가다가 농촌마을이 나타나고 나는 시장하여 냄비를 들고 어느 농가에 들어가서

함경도 어마이 ❖ 어느 월남 가족의 이야기 ❖

사정이야기를 하고 밥이 있으면 조금만 달라고 하였더니, 자기네도 쌀이 떨어져서 아침에 죽을 쑤어 먹었다고 하여 그냥 돌아서 나왔다. 한참을 걸어가다가 노점에서 빵을 한 개씩 사먹고 걸어가다가 남편이 직장에 다닐 때, 가정에 필요한 의약품을 가져다 두었던 것을 주머니에 넣고 있었기에 그 생각이 떠올라 그 약품을 가지고 어느 농가에 들어가서 좋은 약품이니까 곡식이 있으면 주시고 사라고 하였더니, 아직 추수를 못해서 곡식이 없다고 하면서 생감자를 주길래 그 감자를 받아 가지고 개울가에 내려가서 나무를 주워서 돌을 모아놓고 감자를 씻어 냄비에 삶아먹고, 또 다시 포천을 향해 걷고 또 걸어가도 사람 사는 동네는 보이지 않고 해는 지고 어두워져서 그날 밤을 어느 다리 밑에서 지새고 오전 10시나 되어서 포천에 도착했다.

그런데, 이것은 또 무슨 일이란 말인가? 이북으로 가는 차를 어디서 타느냐고 물었더니 어제부터 이북으로 차가 안 간다는 청천벽력 같은 소식을 들었다. 이제는 또 어떻게 해야 하나? 다시 집으로 돌아와야 하는데 정말로 눈앞이 깜깜하였다. 나는 원래 위장이 약해서 소화를 잘못하는데, 식사를 제 때에 못하고 집 밖에서 밤을 지내고 하니 속이 너무 아파서 제대로 걸을 수가 없어서 어느 집 추녀 밑에 앉아 있다가, 이북으로 보내지 않는다는 말을 듣고 툇마루에 걸터앉아 울고 있다가 2일 동안 아기를 업고 걸어 다녀서 일어설 힘도 없어서 그날 밤은 세 식구가 그 툇마루에서 지냈다. 다음 날

Ⅰ. 나의 인생 90년 일대기

날이 밝아서 어느 식당에서 식사를 하고 우리가 살고 있는 서울을 향해 걸어오는데, 속이 너무 아프고 다리가 아파서 그 자리에 주저앉아서 울고 싶은 것을 억지로 참고 또 참으며 서울을 향해 한나절을 걸어서 어느 동네 입구에 도착해서 나무 그늘 아래서 쉬고 있었다. 젊은이 한 사람이 걸어오고 있기에 어디 갔다 오느냐고 물어 보았더니 의용군으로 끌려갔다가 신체검사에 불합격되어 집으로 돌아간다고 하며 기뻐하였습니다.

그래서 남편이 집에서 떠나 올 때에 새로 사온 양복 한 벌을 가지고 왔기에 그 청년에게 양복을 사라고 하였더니 집에 돌아가서 부모님께 물어보고 사겠다고 하였습니다. 그래서 그 청년을 따라 청년 집에 가서 보리쌀 한 말을 받고 그 양복을 팔았다. 그것을 가지고 걷고 또 걸어서 저녁 어두울 무렵에 청량리에 도착하여 피난 떠나서 비어 있는 집에서 자고 아침부터 다시 또 걸어서 저녁 무렵에 우리가 살던 방에 도착하였다. 그리고 양복과 바꾸어 온 보리쌀을 주인집 맷돌에다 갈아서 죽을 끓여 먹었다. 그렇게 또 우리 부부가 고향으로 돌아갈 수 있는 한 줄기 희망은 사라지고 말았다.

함경도 어마이 ❖ 어느 월남 가족의 이야기 ❖

탄현주간보호센터 시절 색칠공부(2018년)

Ⅰ. 나의 인생 90년 일대기

끝없는 기다림, 서울 수복

그러면서 남편은 미군이 돌아오기 전에 이 보리쌀을 다 먹으면 큰일이라고 걱정을 하면서, 그 보리쌀을 매 끼니마다 아기 밥공기로 담아서 갈아서 아껴 먹고 있었다. 남편이 미8군 수도과 노무자로 근무하였기 때문에 봉급날이 매달 25일이었다. 6월 25일 전쟁이 나고, 6월 24일에 미군이 본국으로 철수하였기 때문에 우리가 6월에 월급을 타지 못하여 돈 한 푼 없이 그렇게 모진 고생을 하였다. 미군이 우리나라에 돌아와 미군부대에 근무할 수 있기만을 기다리면서 그날그날을 보내고 있었다. 안집을 비롯하여 온 동네가 텅 비어 있었다. 피난을 갔다가 돌아오지 않았기 때문에 그래서 안집 사랑방이 비어 있었기 때문에 사랑방 창문을 열어 놓고 남편은 미군이 돌아올 텐데 하면서 그날그날을 보내고 있었다. 그렇게 7월도 가고 8월도 지나가고 시원한 바람이 부는 9월이 되어서 안집 식구는 집으로 돌아오고 온 동네가 제 모습으로 되어가고 있었다. 우리는 남편의 양복과 바꾸어 온 보리쌀을 다 먹을까봐 걱정을 하면서 하루 빨리 미군이 돌아오기를 학수고대하고 있었다.

우리 대한민국 사람이라면 자손대대로 잊지 못할 1950년 6·25전쟁! 그 많은 한국의 젊은 군인들, 세계 여러 나라의 참전 용사들, 그 죽음이 끝나던 1950년 9월 28일 미국의 위대한 맥아더 장군이 인천으로 상륙하

함경도 어마이 ❖ 어느 월남 가족의 이야기 ❖

여 서울에 한강을 건너 서대문구 신촌을 거쳐서 광화문 중앙청 정문 위에 태극기를 휘날리던 전날 밤 서울시내에 주둔해 있는 북한의 공산군과 한강변에 주둔한 미군과의 교전이 계속되었는데, 그 교전이 소총으로 계속되어서 그 소총에서 날아 온 총알이 우리집 창문에도 날아와 떨어져도 우리 식구는 3개월 동안 너무 굶주리고 고생으로 살아왔기 때문에 더 이상 두려운 생각도 없이 아무 생각 없이 총소리를 듣고 있었다.

그리하여 1950년 9월 27일의 밤이 지나고 9월 28일 새날이 밝아 대한민국에 만세 소리가 들리고, 거리마다 웃음소리가 들리고 박수소리도 들렸다. 그 다음날 남편이 용산구 삼각지 미8군 사무실 자기가 다니던 사무실에 가보았더니, 사무실 직원들이 돌아와서 일을 하면서 남편을 반겨주어서 다음날 직장에 가서 6월 25일에 못 받았던 월급과 7월, 8월 월급 3개월 치 10만 원을 받아 가지고 와서 우리도 이제는 살았다고 하면서, 내 손을 잡고 울었다. 나도 울고, 우리 아기도 울었다. 그리하여 남편도 직장에 다니고 쌀밥을 먹게 되었다. 여전히 수돗물은 나오지 않아서 동네 공동 수돗물을 지게로 져서 먹으면서 살았다.

Ⅰ. 나의 인생 90년 일대기

예사랑 요양원 시절 색칠공부(2020년)

1951년 1·4 후퇴

그렇게 9월도 지나가고 10월, 11월, 12월이 지나가는데 1950년이 흘러가면서 우리 대한민국 국군이 용감하게 싸우고 진격하여 함경북도 압록강 부두까지 진격하였는데 상상도 못할 큰일이 일어났다. 중국 공산군이 북한 공산군과 합세하여 함경남도 도청 소재지를 점령하고 우리 대한민국 수도 서울까지 점령하고 남쪽으로 수원까지 점령했다. 그래서 우리 대한민국 정부가 부산으로 이동하기로 결정하고, 젊은 청년들 25세 이상을 제2 국민병으로 명칭을 정하고 부산으로 대이동을 시작하였다. 그래서 서울 살던 친척과 인면이 있는 친구분들도 다 대구, 부산으로 떠나갔다. 그래서 남편도 1951년에 25세가 되어서 제2 국민병으로 가게 되었는데, 우리 아기가 첫 번째 돌이 될 때였다. 남편과 나는 이북 함경남도에서부터 둘이서만 38선을 넘어온 실향민이기 때문에 가족도 친척도 한 사람 없이 서울에 와서 사는 외로운 사람이었다. 남편이 제2 국민병으로 가게 되면 이제 첫돌이 된 아기를 업은 나는 어디에다 의지할 데가 없어서, 남편의 회사에서 같이 일하는 친구가 오산 사람인 것을 알고 자기가 국민병 장교니까 일주일 동안 훈련만 끝나면 와서 데려갈 수 있으니까 일주일 동안만 나를 그 친구 집에 가서 있기로 정하였다.

어느 날 오후에 용산 기차역전에 가서 기차를 쳐다보니까 기차가 흰색으로 변해 있었다. 기차 지붕 꼭대기

I. 나의 인생 90년 일대기

에서 기차 화통 앞까지 강냉이 뻥튀기같이 사람이 하얗게 매달려 있어서 아예 기차타고 갈 생각은 접어놓고 남편친구 집인 오산으로 가려고 마음을 정하고 용산역에서 걸어가기로 결정하였다. 1950년 12월 말경 어느 날 남편은 이불 보따리를 지고 나는 아기를 업고 밥 끓여 먹을 냄비를 싸서 들고 집을 나와서 기찻길을 향해서 걸어가기 시작했다. 그날은 수원까지 밖에 가지 못하고 철도경비원이 잠자는 경비실에서 지내고, 그 다음 날도 걸어서 저녁 무렵에 오산 친구 집에 도착하여 남편은 이불보따리를 마루 끝에 내려놓고 내일 오전에 훈련소에 들어가야 한다며 5일 후에 훈련이 끝나면 와서 데려 가겠다고 하면서 그 집을 나갔다. 나는 아이를 업고 동네 어귀에서 남편을 배웅하면서 또 이제 헤어지면 언제 만날 수 있을까 하는 걱정에 해가 어두워질 때까지 하염없이 울고 서 있었다.

나는 그 집 건넌방에서 지내기로 하고 이불을 건넌방에 들여놓고 건넌방에 들어갔다. 그런데 식사가 문제였다. 그날은 그 집에서 식사를 주어서 먹었는데, 그 집에 할머니와 할아버지도 계시고 누이동생도 있고 아이들도 2명이나 되는데 식사를 받아먹을 수가 없어서 그 다음 날 시골에서 가져오는 땔나무를 한 다발 사가지고 풍로에다 불을 때가지고 밥을 지어먹고 그 집 건넌방에서 3일을 지내고 있었는데, 또다시 날벼락 같은 소식을 듣게 되었다. 중공군 몇 천 명이 서울을 침범하여 한강을 건너서 수원까지 침범하였다고 그 동네 주민들이 다 피난을 간다고 술렁이는데 과연 나는 어디로 가야 하는가?

함경도 어마이 ❖ 어느 월남 가족의 이야기 ❖

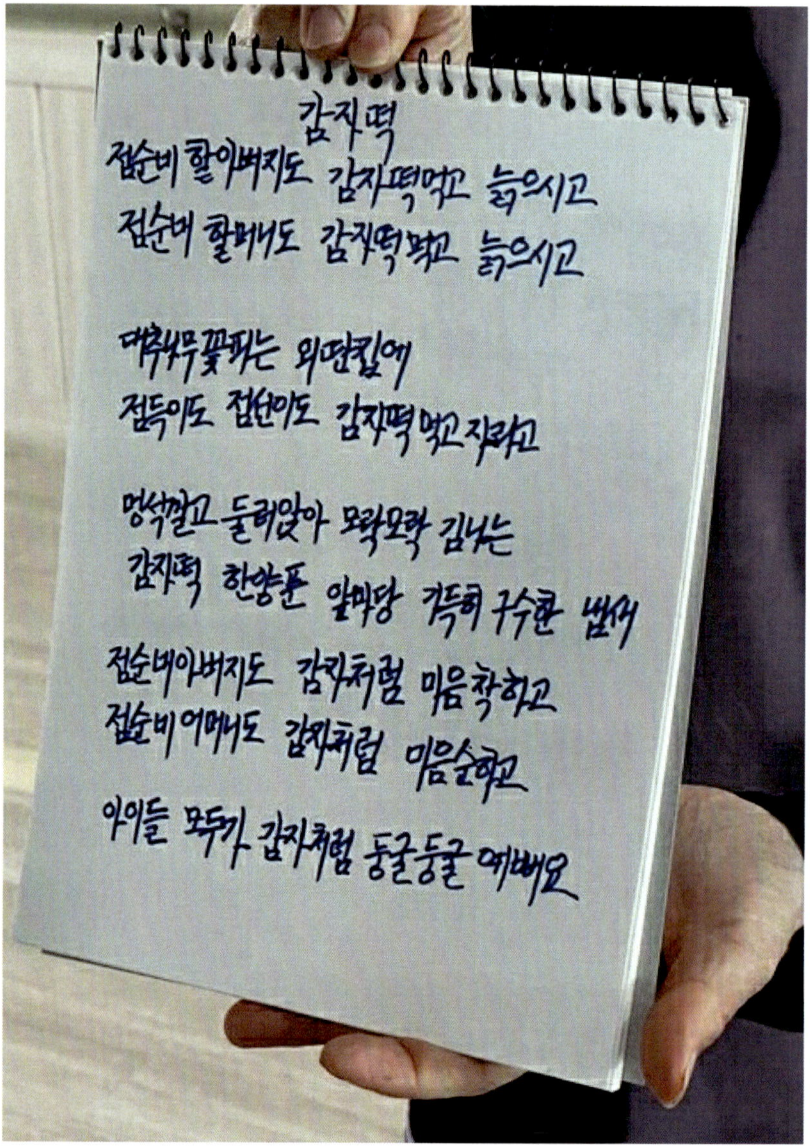

탄현주간보호센터 시절 시 쓰기(2018년)

Ⅰ. 나의 인생 90년 일대기

제2국민병 남편 또다시 아이와 단둘이 남다

　남편이 떠나갈 때는 훈련받으러 갔으니 돌아올 날짜만 기다리는데, 나는 이제 어디로 가야 하나? 아이를 업고 한없이 울고 있었다. 그러다가 천만다행으로 그 집 사랑방에 철도국 경찰이 세 들어 살고 있었는데, 그 경찰관이 나서서 군수품을 나르는 열차를 그 집 식구가 탈 수 있도록 힘을 써 주어서 나도 그 집 식구들과 같이 그 열차를 타게 되었는데, 그 열차는 군인들과 군수품만 나르는 열차라 일반 사람은 탈 수 없었다. 그런데다 음력 1월 중순이라 눈도 자주 내리고 날씨가 몹시도 추웠다. 그런 날씨에 화물열차 지붕 꼭대기에는 6·25전쟁 처음에 국민들이 너무 굶주렸기 때문에 또 그렇게 굶주릴까봐 화물열차 지붕 꼭대기에다 쌀가마니를 싣고 그 위에 이불 보따리를 잔뜩 실었는데, 그 위로 아기를 등에 업고 탔다.

　그 열차는 군인들과 군수품을 나르는 열차이다 보니 아무 때나 떠나는 열차가 아니었다. 열차 지붕위에 탄 사람들과 물건들은 쳐다보지도 않고 일체 상관하지 않았다. 그래서 그 열차위에 올라앉고 만 2일째 저녁때가 다 되어서 움직이기 시작했다. 그 동안에 아기는 설사를 하여 아기 기저귀를 빼서 철로에 던지고 열차에서 먹으려고 도시락에 싸온 밥은 돌덩이가 되어있었다. 나는 바지를 입고 아기를 업었기 때문에 열차 지붕 꼭대

함경도 어마이 ✦ 어느 월남 가족의 이야기 ✦

기에서 일어설 수도 움직일 수도 없어서 2일 동안 바지를 입은 채로 소변을 보면서 구사일생으로 만 2일 저녁 어스름한 무렵에 대전역에 도착하였다.

숙소를 정해 주는데 대전역에서 동쪽으로 한 30분 걸어가서 철도국에서 물건을 쌓아두는 창고였다. 창고는 널빤지로 주위를 둘러 세우고 바닥은 자갈 돌멩이가 섞여있는 왕모래 밭이었다. 저녁식사는 그곳에서 누가 차려주는 저녁식사를 하고 그날 밤은 같이 간 오산식구들과 함께 이불 깔고 잤다. 다음 날 같이 간 오산식구는 숙소를 마련하여 나가고 나는 숙소를 정할만한 돈이 없어서 그냥 창고에 남았다. 나는 그날부터 돌 지난 아들을 등에 업고 그 추운 겨울 1월 말부터 그 창고에서 살았다. 해가 지면 자갈 섞인 왕모래 밭에 이불 한쪽을 깔고 아기를 껴안고 이불 한쪽은 덮고 밤을 지새우고, 날이 밝으면 그 창고를 둘러막은 널빤지 사이로 해가 비쳐서 일어나 아기를 업고 밖에 나와서 추녀 밑에서 햇볕을 쪼이며 식사는 어떻게 해결할 수가 없어서 전시라 길에서 김밥 파는 아주머니들이 있어서 그 김밥을 몇 줄 사서 먹으며 해가 질 때까지 추녀 밑에 기대서서 지내다가 해가 지면 그 자갈더미 속에 들어가서 자며 지냈다.

며칠 후에 나를 데리고 같이 갔던 그 집 며느님이 나를 찾아와서 자기가 아는 사람이 이곳에 피난 와 있는데, 그 사람 있는 집에 방이 하나가 비어 있다고 하며

Ⅰ. 나의 인생 90년 일대기

나를 그 집에 데려다 주었다. 그 집에는 난로가 있어서 밥도 지어 먹을 수 있고, 방도 있어서 그곳에서 편히 지낼 수가 있었다. 한 2주 동안을 지내면서 기차 소리만 나면 남편이 오는가 하고 하루에도 몇 번씩 기차역에 나가서 군복 입은 사람을 다 훑어보면서 지냈다. 떡장수 아주머니에게서 떡을 받아서 팔아 보기도 하고, 또 대전에서 한 10리쯤 떨어진 농촌에 옥천이라는 곳이 있는데, 그곳에서 두부를 만들어서 피난민들한테 파는데 비지도 덩어리를 만들어서 5원, 10원씩 팔고 있어서 나도 그 비지를 받아서 팔아 보기도 하며 살았다.

함경도 어마이 ❖ 어느 월남 가족의 이야기 ❖

고향 생각에 잠겨서

Ⅰ. 나의 인생 90년 일대기

소식도 없고 돌아오지 않는 남편

 1개월이 지나도 남편은 돌아오지 않고 대전 시내에는 제2국민병으로 갔다가 병에 걸린 젊은이들이 떼를 지어 다니는데 옷은 남루하고 걸음도 제대로 걷지 못하여 눈물이 나서 차마 볼 수가 없었다. 그런 것을 보고 나하고 같은 건물에서 사는 아저씨 어른이 보고 하시는 말씀이 아기엄마도 이렇게 있을 것이 아니라 아기아버지하고 헤어졌던 장소에 가봐야지 만약에 아기아버지가 그 장소에 왔다가 아기엄마가 없으면 영영 못 만날 것이니까 그 장소로 하루빨리 가 보아야 한다고 해서, 그 말을 듣고 나는 정신이 번쩍 들었다. 다음 날 오산으로 남편과 헤어지던 그 집을 찾아가려고 결심하고 오산에서 같이 온 그 집 식구를 찾아가서 오산에 내일 가겠다고 말씀드리려고, 저녁 해가 뉘엿뉘엿 지는 시골 동네 어느 초가집 뒷길을 걸으면서 하염없이 눈물만 흘렸다. 만약 내일 오산 그 집에 가도 남편이 와 있지 않으면 나는 정말 이 돌 지난 애기를 등에 업고 어디를 가야 한단 말인가? 길가 어느 집 울타리를 잡고 하염없이 흐느끼기 시작하였다.

 그렇게 그날 밤이 지나고 그 다음날 아침 9시쯤 되어서 대전을 떠나 오산을 향해 걸어갔다. 오후 1시쯤 되었을까? 신탄진역에 도착하였는데 철길 횡단보도를 건너가는데 맞은편에서 낯익은 아주머니가 머리에 쌀자루

함경도 어마이 ❖ 어느 월남 가족의 이야기 ❖

를 이고 걸어오고 있었다. 그런 기적 같은 일이! 그 분은 우리 아기가 태어난 주인집 아주머니였다. 아주머니는 남편을 비행기 폭격에 여의고 아이들 남매를 데리고 이곳에 피난을 와서 이 역전에 방을 빌려서 지내면서 농촌에서 가지고 오는 쌀을 조금씩 받아서 팔면서 생활하고 있었다. 나를 보고 반기면서 우리 집에 들어가서 쉬어 가라고 하여 아주머니가 사시는 방에 들어가서 차려주시는 점심을 먹었다. 아주머니 말씀을 들으니까 저녁이 되면 열차에 사람을 태워준다고 하여 아주머니 집에서 저녁밥까지 먹고 밤 10시가 지나서 신탄진역에 나갔더니 열차가 오고 있었다. 그 열차는 짐을 실어 나르는 지붕도 없는 화물열차였다. 그 밤에 아이를 업고 열차에 기어서 올라갔더니 젊은 흑인 군인이 나를 보더니 "마마상", "베이비" 하면서 짐 실은 옆에 타라고 했다. 그 화물열차를 타고 몇 시간 후, 먼동이 트는 새벽에 오산 남편 친구 집에 도착하였다.

그 친구네 집은 완전히 알지 못하게 다 낡은 허름한 집으로 변해 있었다. 집 울타리 판자는 피난민들이 따뜻하게 불을 땔 때 버리고, 대문은 손잡이가 떨어져 나가서 폐허가 되어 버렸다. 마당에 들어가 보니 안방, 건넌방, 사랑방, 창고 할 것 없이 피난민으로 꽉 차 있었다. 그 사람들을 보고 내가 물어보았다. 어떤 군복 입은 군인이 와서 아기 업은 젊은 부인을 찾지 않더냐고 했더니, 그런 사람은 오지 않았다고 한다. 나는 그 집에 들어갈 장소가 없었다. 내가 피난가기 전에 들어갔던 방

Ⅰ. 나의 인생 90년 일대기

에 들어가려고 보았더니 어떤 아주머니가 딸 4명을 데리고 누워있어 방이 꽉 차 있었다. 나는 아기 때문에 추운 마루에서 지낼 수가 없어서 할 수 없이 그 건넌방 4명이 누워있는 문지방 앞에 아기를 담요에 싸서 눕혔다. 내가 대전에서 떠나올 때 그 집 식구들보다 먼저 오느라고 이불을 못 가지고 와서 큰일이었다. 옛 어른 말씀에 음력 2월에는 장독도 얼어터진다고 하셨는데 음력 2월 초인데 그 추운데 불을 한 번도 안 땐 방, 방바닥은 얼음같이 차가워 앉아 있을 수도 없는 곳이었다.

그렇게 2~3일을 지내는데 대전에서 겪은 고생은 댈 것도 아니었다. 드디어 오산 집 식구들이 모두 돌아왔다. 그 집 주인인 남편 친구도 제2 국민병이 해제되어 건강한 몸으로 돌아오면서 우리 이불도 가져다주었다. 나는 남편이 돌아온 것같이 기쁘고 고마웠다. 건넌방에 있던 피난민도 떠나가고 그 건넌방에 들어가 지내게 되었다. 그 집이 도로변이라 난리 통에 그 바깥마당이 피난민들의 장터가 되었다. 남편친구도 건강한 몸으로 쌀장사를 하여 돈을 잘 벌고 있는데 남편은 돌아오지 않는다. 나는 남편하고 헤어져 떠나올 때 조금씩 나누어 가졌던 돈이 다 떨어져 생활할 수가 없어서 그 시골에서 장터에 가지고 나온 된장이나 나물 같은 것을 받아 가지고 아기를 업고 길가에 앉아서 팔면서 지내고 있었다.

함경도 어마이 ❖ 어느 월남 가족의 이야기 ❖

남편과 해후

그러던 어느 날 면사무소에서 피난민들에게 쌀 배급을 준다고 하여 면사무소에 가서 쌀을 타 가지고 돌아왔더니 내 옆에 앉아서 물건 팔던 아가씨가 아주머니 왜 인제 왔느냐고 말하면서 아까부터 군복 입은 아저씨가 두 번이나 와서 아주머니를 찾았다고 하여 나는 믿어지지 않는 기분으로 집에 들어가서 방문을 열었더니 남편이라는 사람이 그 방에 서 있는데 나는 그 군인이 누군지 못 알아볼 정도로 변해 있었다. 몸에 입은 군복은 나는 한 번도 구경도 못한 우리 대한민국의 장관급이나 몸에 입을 수 있는 눈에 부시는 군복을 입고 그 얼굴은 내가 한 번도 보지 못한 빛나는 얼굴이었다. 나는 반가움보다 너무 억울하고 분하여 그 얼굴에 침이라도 뱉어버리고 쥐어뜯고 싶었다.

나는 23살 나이에 돌 지난 아기를 등에 업고 1·4후퇴, 전쟁 말로는 다 표현할 수 없는 고통을 다 겪었다. 그 추운 겨울에 화물열차 지붕에 아기를 업고 2~3일을 타고 있었다. 4일 만에 대전역에 도착하여 그 추운 겨울을 울타리도 없는 추운 곳에서 겨울을 나면서 굶주리고 목숨을 부지해 왔는데, 과연 남편이라는 인간은 어디서 4개월 동안 살다가 이제야 나타났는지 도무지 이해가 가지 않았다. 그러나 남편이 그 동안 어디에서 무슨 일로 돌아오지 못했는지, 그 사연을 탓해서 무엇 하

Ⅰ. 나의 인생 90년 일대기

리오? 죽을 고비를 넘고서도 우리 부부는 다시 살아서 만나 얼굴을 마주보고 있는데…… 이렇듯 우리 부부는 모진 생명력으로 이 세상에 태어났고, 또 평생 해로하라는 부부의 인연이 무척 질긴가보다 하고 생각하고 돌아온 남편과 아이를 데리고 우리 세 식구는 다시 서울생활을 시작하였다.

그날부터 우리 두 사람은 살아갈 길이 막막하였다. 남편은 돈 한 푼 없이 나타났다. 두 사람이 피난 떠날 때 나누어 가졌던 돈도 다 써버리고, 그래서 나는 옷이라고는 분홍색 긴치마 한 벌 밖에 없는 것을 길에서 옷 파는 사람한테 팔아서 2~3일 동안 생활비로 썼다. 남편이 일거리를 찾아서 도로공사 하는 곳에 가서 하루 노동을 하고는 걸어 다닐 힘도 없다고 하여 한강을 건너 서울에 가서 살아야 한다며 그 다음날 오산 친구 집을 나와서 한강 쪽을 향해서 걸어갔다. 오후 2, 3시쯤 되어서 경기도 시흥 어느 길가 초가집 앞마당에 사람들이 모여서 서성이고 있었다. 그곳에서 물을 길어서 들고 있는 어떤 아주머니께 여쭈어보았다. 왜 이곳에 사람들이 모여 있느냐고 물었더니, 서울에 사는 분들인데 피난 갔다 집에 돌아가려고 노량진 한강변에 갔더니 서울에 들어갈 수 없도록 막고, 서울에 가서 집 지킬 수 있는 노인들이나 건너 주고 있다고 한다. 젊은이들은 서울에 가면 징병으로 끌려가기 때문에 한강을 건너가지 못한다고 한다. 그곳 경기도 시흥에 미군부대가 주둔하여 탄환을 만들고 있었다. 5·8부대라고 부대명칭을 붙

함경도 어마이 ❖ 어느 월남 가족의 이야기 ❖

이고 주야로 일을 하고 있어서 한강을 건너가지 못한 피난민 남자들이 모두 밤낮으로 5·8부대에서 일을 하고는, 말할 수 없이 적은 돈의 노임과 미국에서 수입해 온 거친 보리 5홉을 받아서 생계를 이어가고 있었다.

그래서 우리도 5·8부대 노무자로 근무하기로 마음먹었다. 숙소는 그 동네 전선회사 직원들의 숙소가 비어 있어서 그곳에 들어가서 살기로 하고 가마니를 사다가 깔고 그 집에서 지내기 시작하였다. 물은 공동우물에서 길어 먹기로 하였는데, 그 방 하나에 우리 식구만 사는 것이 아니라 아현동에서 피난 왔다는 아주머니와 그 아드님까지 5명이 지내게 되었다. 그런데 그 방에는 부엌에 아궁이만 있었지 살림도구는 아무것도 없고 부뚜막도 아궁이도 다 허물어져서 밥을 지어 먹을 수 없었다. 그래서 나는 부뚜막 자리에 돌멩이를 주워서 모아놓고 나무 부스러기를 주워서 불을 때고 냄비를 올려 밥을 지어 먹는데, 너무 힘들고 괴로웠다. 그렇게 그 집에서 1년을 지내고 우리 아기도 4살이 되었다. 둘째아기로 여자아기가 태어났다. 그 집 주인이 피난길에서 돌아왔으니 우리는 이사를 가야 했다. 그 집에서 10리쯤 떨어진 곳, 탑골이라는 농촌 동네로 이사를 갔다. 방 하나에 부엌도 없고 화장실이 옆에 있는 허술한 방 1칸이었다. 그곳에서 남편은 매일 밤 근무처 5·8부대로 출근을 하고 아침 7시에 보리쌀 5홉을 담은 주머니를 들고 힘들게 돌아왔다. 그렇게 또 1년이 지나고 큰애가 5살이 되고 둘째가 돌이 지나고 나서야, 우리는 한강을 건너 우리가 살던 집으로 돌아왔다.

Ⅰ. 나의 인생 90년 일대기

가족들의 행복을 간절히 빌며

계속되는 징병 신체검사

2~3일 후에 전입신고를 하고 기류계를 올렸더니, 우리에게 이건 또 무슨 날벼락인가? 5일 후에 경찰서에서 징병으로 출두하라는 소집영장이 날아왔다. 우리는 생활비도 없고 식구는 1명이 늘어난데다 직장도 없는데, 나는 너무 암담하여 죽어버리고 싶었다. 3일 후에 용산구청 앞마당에 징병신체검사 받으러 나오라는 통지서가 날아왔다. 신체검사 받으러 가는 날 아침에 나는 애기를 등에 업고 큰애는 옆집 아주머니한테 맡겨두고 남편을 따라 용산구청 마당 나무 그늘에 앉았다. 구청 마당에 사람이 많이 모였다. 남편도 사람들 속에 서 있있다. 나는 나무 그늘에 기대앉아 점심밥도 못 먹고 경찰서 안에 신체검사 받으러 들어간 남편만 찾느라 정신이 없었다. 해가 뉘엿뉘엿 지도록 남편은 만나보지도 못하고 집으로 돌아와 아이 두 명을 쳐다보며 한없이 울고 있었다. 아이 둘을 앞에 앉히고 한없이 울고 있는데 저녁 7시가 다 되어서, "수명아! 아빠 왔다" 하는 남편 목소리가 들렸다, 남편은 신체검사에서 불합격되어 집으로 돌아오게 되었다.

이것이 끝이 아니었다. 남편은 서울에 돌아와서 살면서 징병신체검사를 세 번이나 더 받았다. 1개월마다 1번씩 용산 경찰서, 숙명여자대학교 운동장, 서울시청 앞마당에서 나라의 징병 인원수를 채우느라 젊은 남자들

I. 나의 인생 90년 일대기

을 대상으로 징병검사를 계속 실시하였던 것이다. 그러나 우리 남편은 어린 시절 동네 강가에서 수영을 하다가 귀에 들어간 물이 중이염으로 번져서 평생을 중이염으로 귀에서 고름이 나고 있었고, 그리고 폭격으로 다리를 다친 사람이었다. 그런 사람이 1달 동안에 완치가 됩니까? 그렇게 시달리면서 온전한 직장도 없이 그날그날을 살아야 하고 아이들은 세 살 터울로 1명씩 태어나 4명이 되었는데, 내 집 방 한 칸 없이 남의 집 월세방을 살면서 한 번도 주방이 있는 집에서 살아 보지 못하고 추운 겨울에도 부엌이 없는 건넌방 툇마루 밑에서 식생활을 하면서 힘들게 살아오는데, 그래도 고마운 것은 아이들이 별다른 병 없이 건강하게 잘 자라주었고, 초등학교 입학 때부터 공부도 잘하고 모범생이 되어 상장을 받아오는 학생들이었다. 우리 대한민국이 수복되고 중앙청 정문위에 다시 태극기가 휘날려도 저의 남편은 직장이 없고 아이들은 자라서 초중고를 다녀야 하는데 살아갈 길이 막막하기만 하였다.

함경도 아마이 ❖ 어느 월남 가족의 이야기 ❖

어려운 가운데서도 잘 자라주는 아이들

　남편은 시장 바닥에서 야채도 받아서 팔아 보고, 개인이 운영하는 호텔에서 노동일도 해보는데 너무 살아갈 길이 막막하여서 나는 아이들만 아니면 죽어버리고 싶었던 적이 한두 번이 아니었다. 시장에서 채소를 파는 일도 쉬운 일은 아니었다. 또한 한 번도 장사를 해본 적이 없는 남편이 시장에서 채소를 파는 일의 어려움이란 상상만 해도 짐작이 가는 일이었다. 그러다 보니 남편이 손님들과 말다툼을 벌이는 일도 많아지고, 집으로 가지고 들어오는 수입도 줄어들어서 마침내 채소 장사를 그만두고, 뻥튀기 장사를 시작하였다. 그 당시에는 리어카에 밥풀로 뻥튀기를 하는 기계를 싣고 동네마다 돌아다니면서 뻥튀기를 파는 장사가 유행하였다. 일정한 직업이 없이 이런저런 일을 하다가 그 당시에 유행하던 뻥튀기 장사를 선택한 것이다.

　우리 아들이 초등학교 4학년이던 어느 날, 학교가 끝나고 친구들과 함께 집으로 오는 길에서 다리 밑에서 뻥튀기를 하고 있는 아버지를 목격한 일이 있었다. 그 당시 어린 아들 눈에는 뻥튀기 장사를 하고 있는 아버지의 모습이 낯설고, 또 친구들에게 우리 아버지라고 소개할 일이 창피하다는 판단이 들었는지 아버지에게 아는 체를 못하고 피해서 집으로 돌아왔다고 한다. 그래도 본인이 아버지를 아는 체하지 않은 것이 못내 마

I. 나의 인생 90년 일대기

음이 불편했던 착한 아들은 나에게 조용히 그날의 일을 설명하였다. 지금도 내가 기억하는 것은 자신이 창피하다는 이유로 친구들 앞에서 아버지를 모른 채하고 집으로 돌아왔는데 지금 생각해보니 자신이 잘못했다는 요지였다. 그날 밤 나는 퇴근한 남편에게 그날 아들이 나에게 들려주었던 이야기를 하였다. 우리 부부는 아들이 그 일로 마음에 상처를 입었을까 걱정하면서, 그러나 심성이 착하고 바른 아이들이 잘 자라주기만을 바라면서, 뻥튀기 장사든지, 채소장사든지 돈을 벌어서 가족이 먹고 살 수 있는 일이라면 무슨 일이든지 닥치는 대로 하면서 살았다.

남편과 아들

함경도 어마이 ❖ 어느 월남 가족의 이야기 ❖

 이럴 때에 천왕님 아버지께서 우리 집 식구를 살려 주셨다. 아이들 아버지가 6·25전쟁 전에 근무하던 직장에서 출근하라는 통지서가 왔다. 그리하여 월세 사는 집이 변두리 동네에 있어서 아이들이 학교 다니기는 조금 불편하였지만 모두 학교를 다닐 수 있게 되었다.
 그러나 우리 부부에게 닥치는 시련은 끝이 없는 것 같았다. 어려운 시기를 겪고 미군부대에 다시 출근을 한 지도 얼마 되지 않은 때에 정말로 내 인생에서 잊지 못할 큰 시련이 찾아왔다.

아들의 초등학교 졸업식장에서

I. 나의 인생 90년 일대기

그때는 1960년, 미국의 아이젠하워 대통령이 우리나라를 방문하던 해였다. 남편은 그해 다니던 미군부대에서 일시적으로 해고되어서 그날 월급이랑 퇴직금 받아서 바지 뒷주머니에 넣고 집으로 퇴근하는 길이었다고 한다. 버스가 서울역 앞을 지나고 있었는데, 버스의 승객들이 차창 밖으로 미국대통령을 본다고 차창가로 몰릴 때 전문 소매치기가 남편의 바지주머니에 든 돈 봉투를 훔쳐서 도망가 버린 것이다.

큰 딸과 막내딸

함경도 어마이 ❖ 어느 월남 가족의 이야기 ❖

　그날 남편은 세상에서 가장 어두운 얼굴을 하고 집으로 돌아왔다. 그리고 내 귀를 의심할 만한 말을 하였다. 지금까지 고향을 떠나서 삼팔선을 넘고 맨몸으로 여기까지 살아왔는데, 이제는 너무 힘들다. 우리 아이들도 고생만 시키고 너무 불쌍하니, 우리 가족이 모두 동반자살을 하는 것이 어떻겠냐는 말을 하였다. 나도 19살에 맨몸으로 삼팔선을 넘어서 온갖 고생을 하면서 여기까지 왔는데 오늘 또 남편의 전 재산을 몽땅 도둑맞고 돌아온 것을 보니, 살고 싶은 마음이 정말로 없었다. 그러나 철없는 아이들 네 명은 어찌하란 말인가? 게다가 우리 아들은 항상 공부를 1등만 하였다. 그런 아이들과 함께 세상을 등진다는 것은 용서받지 못할 일이었다. 해서 나는 남편의 마음을 위로하며, 아이들을 생각하자고 다독였다. 특히 우리 아들은 친구들 중에서 가장 공부를 잘하고 있는데 애들을 생각해서 이 세상을 살아야 하지 않겠냐고 남편을 위로하고 또 위로하여 그 어려운 시기를 넘겼다.

　그 당시 우리 처지는 방 한 칸을 마련할 능력이 없어서 금호동 산동네 맨땅에 판잣집을 짓고 아이들 네 명과 함께 살고 있었다. 산등성이에 돌을 나르고 판자로 벽을 대고 하는 일도 남편 혼자서 다 해결하였다.

　그나마 다행인 것은 그 판잣집에 우물을 파서 식수를 해결할 수 있었던 점이었다. 지금 돌이켜 생각해보면, 우리 남편같이 정신력이 강인한 사람은 이 세상에 없는

I. 나의 인생 90년 일대기

것 같다. 아무리 어려운 일도 혼자서 해결하려는 의지가 그렇게 강한 사람이 동반자살을 하자고 말을 꺼낼 정도이니, 그 당시에 우리 부부의 생활이 얼마나 비참했는지는 짐작이 가고도 남을 것 같다.

막내딸 대학 졸업식에 참석한 남편

함경도 어마이 ❖ 어느 월남 가족의 이야기 ❖

　사람은 아무리 고생을 한다고 죽는 법은 아닌 것 같고, 하늘이 무너져도 솟아날 구멍이 있다는 옛말은 맞는 것 같다.

며느리와 함께 한 우리 부부

Ⅰ. 나의 인생 90년 일대기

　돈 봉투를 도둑맞고 낙담하고 지내고 있는 사이에 미군부대에서 다시 출근하라는 연락이 와서 우리 가족을 살려주었다. 직장을 다니면서 한푼 두푼 모은 돈으로 우리는 금호동 판자동네를 내려와서, 신당동에 자리를 잡고, 그 집에서 막내딸이 태어나서 우리는 모두 7식구가 되었다. 큰 아이가 한양중학교를 다니는데 학기말 시험 때마다 전교 수석을 하였다.

막내딸 대학 졸업식에서 사위들과 함께

그리하여 서울사대부고와 고려대학교를 다니게 되었다. 첫째 딸아이는 성동여자실업고등학교에 다녔고, 둘째 딸아이가 배화여고와 건국대학교를 졸업했고, 셋째 딸아이는 수도여고를 졸업하고 지금은 그림도 그리고 도자기도 만들며 잘 지내고 있다. 막내딸은 고려대 대학원을 나와 영문과 교수가 되어 잘 지내고 있다.

막내딸 박사학위 수여식에서

내 생애에 제일 가슴 아픈 일은 큰딸아이를 공부도 제대로 못 시키고 고생하다가 이 못난 어미를 두고 저 세상으로 먼저 가 버린 것이 천추의 한이 된 것이다. 우리가 사는 집이 변두리 빈촌이고 먹을 물도 나지 않는 집이라 걸어서 삼사십 분을 가서 물지게로 물을 길

I. 나의 인생 90년 일대기

어다 먹고 사는데, 내가 물지게를 질 수가 없어서 아이들 아버지하고 중학생인 큰 딸아이가 물도 길어 오고 동생들도 돌보느라, 학교 공부를 제대로 하지 못했다.

셋째 딸 그림 개인전을 축하하는 가족들

함경도 어마이 ❖ 어느 월남 가족의 이야기 ❖

    사람이 고생한다고 죽지는 않는가 보다. 19세에 북한 땅 함경남도 영흥, 고향을 떠나와 대한민국 서울에서 세상살이를 한 세월이 71년이 되어 가는데, 말로는 다 할 수 없는 그 인생살이를 하면서, 1950년 6·25 전쟁으로부터 1·4후퇴, 4·19혁명, 5·16군사정권 등장 등 그 많은 전쟁과 사건을 다 겪으면서도 아이들이 5명이나 태어나고 자라나서 손자, 증손자까지 거느린 91세 할머니가 되었다. 2019년 신년에는 미국 트럼프 대통령의 지도하에 대한민국이 남북통일이 되어 기차를 타고 내 고향으로 가 볼 수 있을 거라고 말들은 하는데, 나는 믿어지지가 않는다.

큰딸의 아들 대학교 졸업식

Ⅰ. 나의 인생 90년 일대기

서울 삼양동 시절

　우리 부부는 6·25 전쟁이 끝나고 서울에서 여러 동네를 돌아다니면서 전셋집, 월세집을 전전하면서 생활하였다. 그 어려운 시기의 마지막에 삼양동에서 터를 잡으면서 우리집이란 것을 소유하게 되었다. 처음에는 방 두 칸에 부엌이 달린 매우 작고 초라한 집이었으나. 남편이 직접 축대를 쌓아서 마당을 넓히고, 방을 더 만들고 해서, 집 뒤에는 작은 야산을 끼고 우리집 아이들 5명을 데리고 7식구가 지낼 수 있을 만한 집에서 살 수 있게 되었다.
　그 집에서 아들이 대학교를 졸업하고 사회에 진출했으며, 큰 딸은 출가를 해서 내가 첫 손자를 안게 되었으며, 둘째 딸, 셋째 딸도 학교를 졸업하고 자신들의 길을 씩씩하게 걸어가기 시작했다. 막내딸은 그 집에서 초등학교를 입학하게 되었다. 나는 아이들이 무탈하고 씩씩하게 자라게 한 삼양동 집을 잊을 수가 없다.

　그러나 그 집에서의 나에게 가장 소중한 추억은 남편의 노력으로 넓혀간 마당에 여러 가지 동물을 키우고 각종 채소를 심고 가꿀 수 있었다는 점이다. 12여 년간 살았던 그 집 마당에서는 항상 동물들이 함께 생활했다. 강아지가 항상 마당에서 뛰놀았던 것은 물론이고, 닭장을 만들어 병아리를 길러서 아침마다 닭이 알을 낳았다고 소리를 치면 우리집 아이들 중에 한 명이 닭장

함경도 어마이 ❖ 어느 월남 가족의 이야기 ❖

문을 열고 들어가 따끈한 달걀을 가지고 나오는 모습이 지금도 기억에 새롭다. 또한 토끼를 길러서 새끼를 받아서 기르기도 하고, 또 어떤 때는 토끼가 새끼 낳는 것을 우리가 지켜본다고 해서 어미 토끼가 자신이 낳은 새끼를 죽이는 것도 경험하기도 하였다. 어느 해 우리가 기르던 개가 추운 겨울에 새끼를 낳게 되어서, 어미 개와 여러 마리의 강아지가 추위를 피할 수 있도록 안방의 아랫목을 내어 주고 미역국을 끓여서 먹이면서 매일 강아지가 커가는 모습을 관찰하기도 하였다. 또 집에서 기르던 오리가 부엌에서 뛰어다니다가, 아궁이에 올려놓은 가마솥에서 끓고 있는 더운 물속에 빠져서 죽은 채로 둥둥 떠다니던 것도 기억난다.

셋째 딸, 막내딸과 미8군 축제를 즐기는 남편

I. 나의 인생 90년 일대기

또한 남편이 틈틈이 넓혀놓은 마당에서 옥수수, 상추, 배추 등을 길러서 먹고, 그 텃밭 자리에 겨울에는 얼음을 얼려서 작은 스케이트장을 만들기도 했다. 겨울 방학 때면, 우리집 아이들과 동네 친구들이 우리집에 놀러 와서 그 스케이트장에서 썰매, 스케이트를 타느라 항상 소란스럽던 기억이 난다. 마당에서 동물들이 뛰놀고 식물들이 풍성했던 자연스러운 환경에서 5남매가 초등학교에서 대학교에 이르기까지 학교를 성실하게 다니면서 무럭무럭 잘 자라주었다.

남편 직장 동료들과 함께

남편은 퇴근하면 항상 수건을 목에 걸고 모자를 쓰고 집을 고치거나, 축대를 쌓거나, 아궁이를 고치고, 우물을 파서 펌프를 설치하고, 집 뒤 야산에서 빗물이 내려

함경도 어마이 ❖ 어느 월남 가족의 이야기 ❖

올 수 있도록 물꼬를 트는 등 하루도 빠짐없이 집 안팎을 수리하면서 우리집을 완성해갔다.

그 동네에서 우리 부부의 성실한 삶의 모습은 이웃 주민들도 인정을 했다. 앞집에 사시던 할머니는 애들 아버지가 매일 퇴근 후에 집을 수리하는 모습을 보고 저렇게 자신의 몸을 돌보지 않고 무리하면 나중에 건강을 상할 수 있으니 조심하라고 말씀해주셨다.

남편 직장 동료들과 함께

어느 해 여름에는 장마 중 폭우가 쏟아져서 옆집이 산사태로 매몰되었다. 그 광경을 제일 먼저 발견한 남편은 자고 있는 동네 사람들에게 피난가라고 소리치고,

I. 나의 인생 90년 일대기

그 길로 맨발로 동네 경찰서까지 뛰어가서 산사태 소식을 알렸다. 그 사이에 나는 흙더미에 깔린 옆집 할머니 식구들을 맨손으로 구조하느라, 나중에 보니 손톱에 피가 흥건했던 기억이 난다. 그날 다행히 목숨을 잃은 사람들이 없었고, 남편은 이 일로 경찰서에서 모범시민상을 수상하기도 했다.

가난했으나, 소박하고 정직한 마음으로 5남매가 자유롭게 뛰놀았던 삼양동 집 시절이 아직도 내 머리에는 선명하게 남아있다. 다시 돌아가고 싶은 시절들이다.

효창운동장 군민회 모임에서

금강산 남북이산가족 상봉
(2005년 8월 25일~28일)

　살다 보니 믿지 못할 일도 생기는 것 같다. 19살에 삼팔선을 혼자서 넘고 남편을 만나서 6·25전쟁을 겪으면서 살아남은 우리 부부에게 죽을 고비야 수없이 많이 겪었음에도, 금강산에서 남북이산가족이 상봉을 할 수 있으리라는 사실은 정말로 믿을 수가 없었다. 정부에서 남북이산가족 상봉을 추진하는 과정에서 우리에게도 연락이 왔다. 큰딸애가 정부에 이산가족 상봉을 희망한다고 신청을 하였으나, 나는 사실 실질적으로 북한에 있는 일가친척을 만날 수 있으리라는 희망은 꿈도 꾸지 않았다. 그런데 꿈인 듯 생시인 듯, 정부에서 북한의 조카가 우리 남편을 만나기를 희망한다는 소식을 전하였고 우리 부부는 생전의 마지막 기회라고 생각하고, 참석하기로 결정하였다.
　그 전부터 남북이산가족 상봉 행사가 진행되면서 남북한으로 생이별되었던 부모, 부부, 형제, 자매 등이 서로의 가족임을 확인하면서 쏟아내는 눈물바다가 전 세계에 생중계되면서 이산가족 상봉 행사가 전 세계 관심의 대상이 되었다. TV에서 중계되는 이산가족 상봉 행사를 지켜보면서도, 우리에게도 저런 날이 오려나 하고 거의 기대하지 않고 살고 있었는데, 북한에 있는 조카를 만날 수 있다는 연락을 받으니 무어라 말로 표현할 수 없는 감정이 밀려왔다.

I. 나의 인생 90년 일대기

　금강산에 마련된 숙소에 짐을 풀고 하룻밤을 보낸 후, 우리 부부는 지정된 장소에서 남편 형님의 다섯 아들 중 막내를 만날 수 있었다.

　물론 그 짧은 시간 동안에 그간의 회포를 다 풀 수는 없었지만, 중요한 사실은 북한에 계셨던 남편의 가족들이 모두 이 세상을 떠나셨다는 사실을 확인한 점이다. 시어머님은 물론 남편의 누님, 형님, 그리고 형님의 큰 아들 등(지금 내 기억이 흐릿하여 정확하게 기억하기가 어렵다)이 모두 세상을 떠났다는 사실을 확인하였다. 항상 남한에 살면서, 우리가 월남을 했기 때문에 북한에 남은 가족들이 반동분자라고 몰려서, 고향을 떠나서 멀리 타향에서 노역을 하고 살지도 모른다는 죄책감에

금강산 온정각 휴게소 이산가족상봉장에서

함경도 어마이 ❖ 어느 월남 가족의 이야기 ❖

   항상 가족들의 이야기는 입 밖으로 꺼내지 않고 살아온 우리 부부였다. 그러면서도 지금 우리가 80세가 넘도록 살았으니, 북한에 계신 부모님과 형제들은 모두 저 세상 사람이 되었으리라는 추측은 하고 있었다. 그러나 살아 있는 조카를 통해서 시댁 식구들이 거의 다 돌아가셨다는 소식을 들으니 무너져 내리는 가슴은 이루 말할 수 없었다. 또한 나의 친정식구들의 소식도 미루어 짐작할 수 있었다. 아! 세상이 아쉽고 너무나 허망했다.
   그날 금강산에서 조카를 만나는 짧은 시간을 뒤로 하고, 우리는 다시 집으로 돌아왔다.

금강산 온정각 휴게소 이산가족상봉장에서

I. 나의 인생 90년 일대기

이산가족 상봉 1년 만에 생을 마감한 남편

　남편은 금강산 이산가족 상봉의 충격이 무척 컸는가 보다. 80세가 넘는 나이에 받은 충격이 심적으로 육체적으로 감당하기 어려웠는지, 평상시에도 고혈압 등 노인성 질환을 앓고 있었으나, 금강산에서 조카를 만나서 가족의 생사를 확인한 이후에는 건강이 급속도로 악화되었다.

이산가족 상봉의 기쁨도 잠시, 쇠약해지는 남편

함경도 어마이 ❖ 어느 월남 가족의 이야기 ❖

　마음 저 밑바닥에 북한에 가족이 살아 있다는 한 가닥 희망의 끈이 끊어지고 난 후 정신적으로 받은 충격 때문에 건강이 바로 악화되는 듯했다. 잦은 입 퇴원으로 신체가 쇠약한 증상을 보이더니, 이듬해인 2006년 8월 22일 이 세상을 떠났다.

　날짜를 기억해보니 2005년 8월 28일 금강산에서 조카를 만난 날로부터 거의 정확하게 1년이 지난 시점이었다. 남편이 이 세상을 하직한 후에 딸들이 모여서, 금강산 상봉을 괜히 한 것이 아닌가 하는 후회스러운 말들도 하였으나, 나는 그래도 돌아가시기 전에 북한에 있는 조카라도 한 명 만날 수 있었다는 점을 다행이라고 생각한다. 또 6·25 전쟁을 겪으면서 죽을 고비를 수없이 넘겼음에도 80세까지 건강하게 사시다가 손자 손녀들, 증손자 재롱도 보시고 이 세상을 떠난 남편이 고마울 따름이다.

　이제 내가 바라는 소원 한 가지는 나도 곧 이 세상을 하직하고 하늘나라에서 남편을 만나서, 두 손을 꼭 잡고 이 세상에서 못 가본 고향 땅을 저 세상에서 자유롭게 돌아다닐 수 있게 되는 것이다.

Ⅰ. 나의 인생 90년 일대기

남편 동화경모공원에 잠들다(2006년)

탄현 주간보호센터 시절

　나는 지금 탄현주간보호센터에 다니는 것이 가장 즐겁다. 집에서 내 방에서만 보내는 시간에는 TV만 보고, 같이 살고 있는 아들 내외를 만나는 것 빼고는 다른 사람들을 만날 수가 없었다. 그러다가 주간보호센터에 다닐 수 있게 되면서 매일 아침마다 주간보호센터에 가는 일을 고대하는 즐거움으로 지내고 있다.

　아침마다 주간보호센터 차를 타고 학교에 가듯이 보호센터에 가는 것이 내게는 큰 즐거움이다. 그곳에서는 매일 선생님들이 나를 따뜻하게 맞아주고, 새로운 노래나 운동을 가르쳐주고, 내가 쓴 글이나 그린 그림을 잘했다고 칭찬해주고 내 그림을 벽에 붙여주신다. 또 요일마다 새로운 강사들이 센터에서 와서 매우 재미있고 유익한 강의들을 해주신다. 나는 집에서 혼자 있을 때는 만날 수도 없는 좋은 선생님들, 원장님, 요양보호사들을 만날 수 있어서 너무 행복하고, 또 나랑 비슷한 노인 분들과 점심식사, 간식을 같이 먹을 수 있어서 참 기쁘다.
　나라에서 노인들을 위해서 이러한 활동들을 제공해주는 것을 보면 우리나라가 많이 발전했다는 생각도 든다. 앞으로도 내가 오랫동안 주간보호센터에 다니면서 노인 분들과 재미있는 프로그램과 활동을 할 수 있기를 소망한다.

Ⅰ. 나의 인생 90년 일대기

수 료 증

제2007 - 8호

이 름 : 손 남 순
1929년 3월 10일생

위의 사람은 일산명성교회 새가족 성경 공부 기초반의 모든 과정을 다 마쳤으므로 이 증서를 드립니다.

주후 2007년 6월 24일

 대한예수교
장로회 **일산명성교회**
담임목사 문 정 우

교회 성경공부 과정 수료

함경도 어마이 ❖ 어느 월남 가족의 이야기 ❖

어머님의 일기장 원본(1)

Ⅰ. 나의 인생 90년 일대기

그렇게 살면서 어머는 밤에 거푼잠을못이루고
어린 딸들만 데리고 소염이나 답아주시며
밤을지새우섰다 그런어머님을 내가모시고
살지는 못할망정 내나이 90세가 되여가면서
그어머니께 옷한벌 못해드리고 따듯한 식사한번
못해드리고 내가이젠 땅속에 묻칠 나이가
되였읍니다 과연내가무슨말을 하겠읍니까
내 나이 16세때 국민학교를 졸업하고 집에서
누에나 치고 길삼이나 하고 있었는데
그지독하고 못된 야만인 일본독재가 우리한국
사람을 노예로삼고 성을갈고 자기대성 을따르게하여
36年동안 못살게 하더니 世界
2차대전 대동아전쟁 말기에 우리 한국에
학생들은 전쟁터에 증병으로 끌어가고
청년들은 증용이란 명층을 달아 각 공장이나
광산같은 힘든일로 다데려가고 560대 노人
들은 보국대라는 이름을 부처 땅을 파고
집을나르는 일을시키고

어머님의 일기장 원본(2)

II. 추억의 사진첩

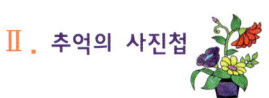

Ⅱ. 추억의 사진첩

마지막 여권(2007년)

환갑 기념 홍콩 여행

함경도 어마이 ❖ 어느 월남 가족의 이야기 ❖

70회 생신을 축하하며

귀여운 손주들

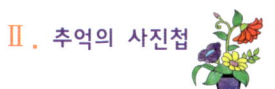

Ⅱ. 추억의 사진첩

손주들과 함께

함경도 어마이 ❖ 어느 월남 가족의 이야기 ❖

손주들과 함께

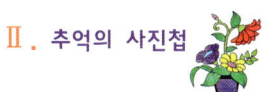

Ⅱ. 추억의 사진첩

손주들과 함께

함경도 어마이 ❖ 어느 월남 가족의 이야기 ❖

딸들과 며느리, 손녀 그린파크에서

아들과 사위들 그린파크에서

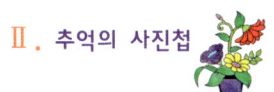

Ⅱ. 추억의 사진첩

파주 오두산 전망대에서

일산 꽃 박람회에서

함경도 어마이 ❖ 어느 월남 가족의 이야기 ❖

팔순 잔치

손주들과 여름휴가 즐기는 중

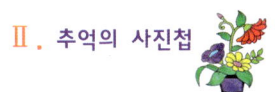

Ⅱ. 추억의 사진첩

호주에서 방문한 손주도 함께 한 여름여행

87세 생신 잔치에서

함경도 어마이 ❖ 어느 월남 가족의 이야기 ❖

생신 잔치 후 거실에서 손주들과

증손주들과 함께 한 91세 생신 잔치

Ⅱ. 추억의 사진첩

예사랑 요양원 시절 색칠공부

함경도 어마이 ❖ 어느 월남 가족의 이야기 ❖

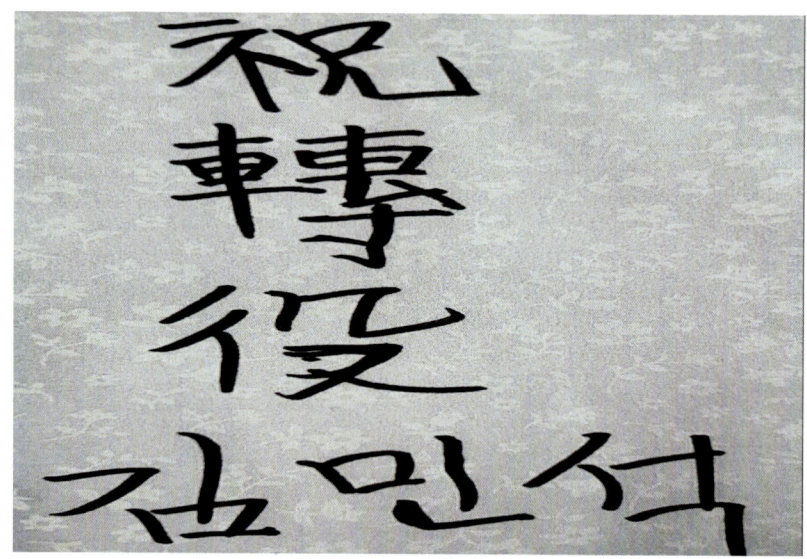

예사랑 요양원 시절 색칠공부

Ⅱ. 추억의 사진첩

예사랑 요양원 가족 면회

함경도 어마이 ❖ 어느 월남 가족의 이야기 ❖

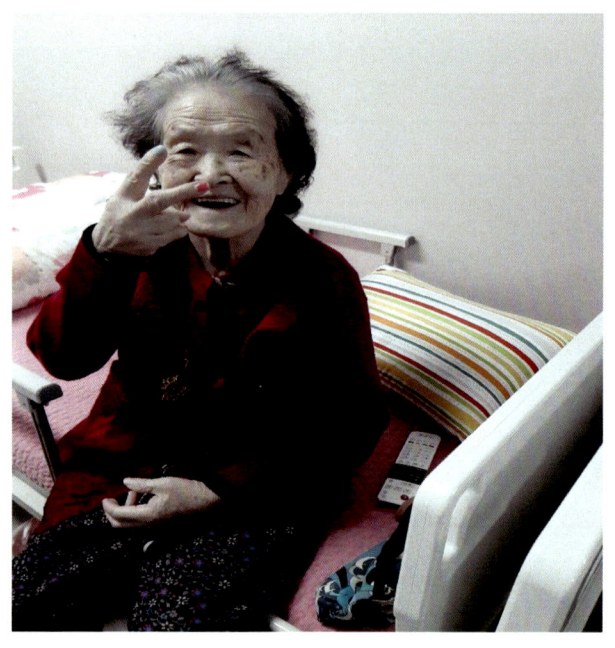

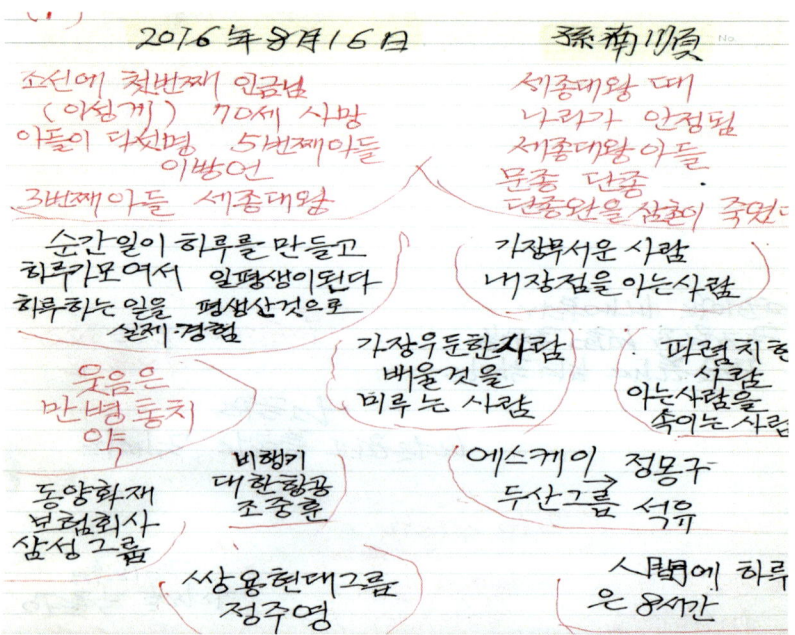

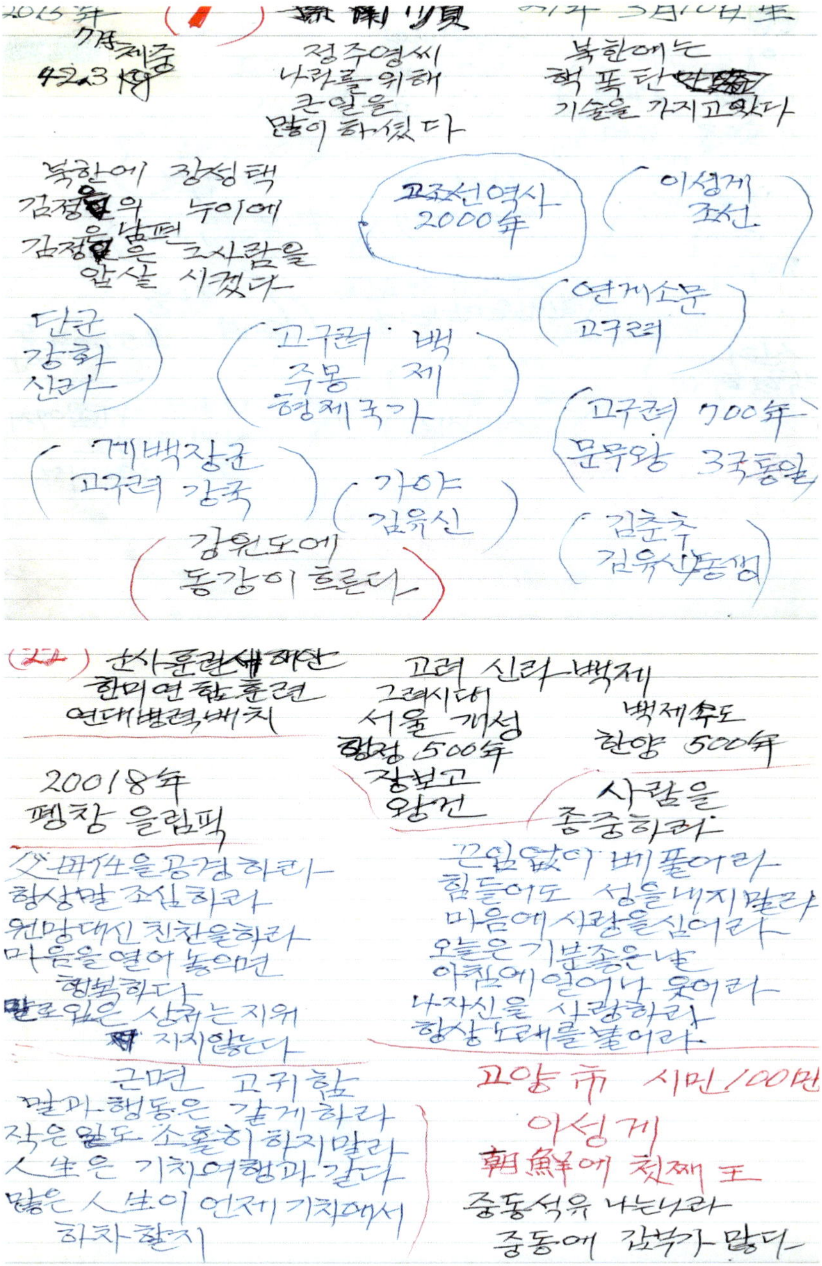

Ⅱ. 추억의 사진첩

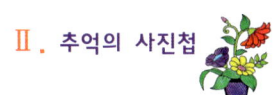

2013년
7중 체중
42.3㎏

정주영씨 나라를 위해 큰일을 많이 하셨다

북한에는 핵 폭탄 만들 기술을 가지고 있다

북한에 장성택 김정은의 누이에 김정은 남편 그사람을 암살 시켰다

고조선역사 2000年

이성계 조선

단군 강화 신라

고구려 백 주몽 제 형제국가

연개소문 고구려

계백장군 고구려 강국

가야 김유신

고구려 700년 문무왕 3국통일

강원도에 동강이 흐른다

김춘추 김유신동생

군사훈련새마산 한미연합훈련 연대병력,배치

고려 신라 백제 그레시단 서울 개성 한양 500年 장보고 왕건

백제수도 한양 500年 사람을 존중하라

2018年 평창 올림픽

父母를공경하라 항상말 조심하라 원망대신 친찬을하라 마음을 열어 놓으면 행복하다 말많은 상사는 지위 지지않는다

끈임없이 베풀어라 힘들어도 성을내지말라 마음에 사랑을심어라 오늘은 기분좋은 날 아침에 일어나 웃어라 나자신을 사랑하라 항상 노래를불어라

근면 고귀함 말과 행동은 같게하라 작은일도 소홀히 하지말라 人生은 기차여행과 같다 많은 人生이 언제 기차에서 하차할지

고양市 시민 100만 이성계 朝鮮에 첫째 王 중동석유 나는나라 중동에 잡부가 많다

평생 함께 한 끊임없는 학구열

97

함경도 어마이 ❖ 어느 월남 가족의 이야기 ❖

2021년 93세를 일기로 영면하셨다

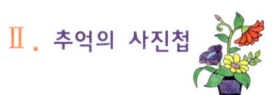

Ⅱ. 추억의 사진첩

동화경모공원에 아버님과 같이 잠드셨다.

이제 하늘나라에서 두 분이 편안한 안식을 누리시길 바랍니다.

에듀컨텐츠·휴피아
CH Educontents·Huepia

Ⅲ. 추모의 글

에듀컨텐츠·휴피아
CH Educontents·Huepia

Ⅲ. 추모의 글

부모님에 대한 회상

아들 장수명

　아버님께서 돌아가신 것은 2006년이었다. 그때는 어머님이 생전에 계셔서 그랬는지 허전함이 조금 덜했었는데 막상 1년 전에 어머님마저 돌아가시고 나니, 허전함과 허무함이 새록새록 느껴져서 두 분에 대한 회상을 해 보는 횟수가 아주 잦아지고 그리움의 정도도 더욱 깊어짐을 느낀다.
　돌아가신 어머니에 대해서 회상을 해볼라치면 제일 먼저 떠오르는 것이 바로 "함경도 또순이"라는 단어이다. 또순이란 말의 뜻은 "똑똑하며 일을 야무지게 처리하는 여자를 귀엽게 이르는 말"이라고 표준국어사전에 정의되어 있는데, 함경도 출신 실향민 여성들은 대체적으로 어려운 환경 속에서도 억척스럽고 강인한 생활력으로 어려움을 잘 이겨낸다고 인식되어, 함경도 출신 여성들에게는 또순이라는 애칭을 붙여주는 것이 보통이기도 하다. 그렇지만 우리 어머니는 함경도 또순이들 중에서도 단연 최고의 또순이이라고 할 만하였기에 우리 자식들의 기억에는 "진정한 함경도 또순이"로 각인되어 있다.
　가까운 일가친척 한 사람 살지 않는 생소한 남한 땅으로 먼저 남하해 오신 아버지를 만나려고 달랑 주소 한 장만을 가지고 19세의 어린 나이로, 혈혈단신 뒤따라 내려와 기적적으로 서로 만나 무일푼으로 신접살림을 시작하셨다는데 이는 참으로 대단한 일이라고 여겨진다. 이북에 고향을 둔 젊은 내외 단 둘이 낯설고 물설은 남녘땅에 적수공권(赤手空卷)으로 내려와서, 아이 다섯을 낳아 기르고 교육시켜서 그 자식들이 대한민국에 터전을 잡고 살아갈 수 있게 해 주신 과정에서, 전후의 사정을 다 이해하고 나면 왜 우리 어머니를 두고 또순이 중의 또순이라고 하는지 누구라도 쉽게 수긍하리라 생각된다.

4·19학생의거가 있었던 1960년 그해에 나는 국민학교(지금의 초등학교) 6학년이었고 내 밑으로 여동생 셋이 있었는데, 그 당시 아버지께서 수년 동안 번듯한 직장 없이 가족들을 부양해 오시느라 몹시 고생을 하시다가, 겨우 수 년 전에 다니셨던 직장에 다시 출근하시게 되어 한시름 덜고 계셨던 터였다고 한다. 그러다가 미국 대통령의 국빈 방한(訪韓)이 예정되었던 1960년 6월 즈음에는 돌연한 직장사정 때문에 아버지의 이름이 다시 감원 대상자 명단에 포함되는 바람에 또다시 수심이 가득한 나날을 보내게 되었다고 한다.

1960년 6월 19일, 미국의 제34대 대통령 D. 아이젠하워가 미국 대통령으로서는 최초로 대한민국을 국빈 방문하게 되어, 100만 명이 넘는 환영인파가 서울 시내 중심가를 메우고, 시내의 교통상황이 어지러웠던 그 날, 우리 가족에게 엄청난 불운이 엄습해오고야 말았다. 그 날, 아버지께서 결국 직장에서 감원 통지를 받고 얼마

III. 추모의 글

간의 퇴직금과 그달치 급여를 받아가지고 앞으로의 생계를 크게 걱정하시며 시내버스를 타고 집으로 오는 길에, 차 안에서 미국 대통령 방한 행렬과 조우하게 되었다고 한다. 버스가 잠시 정차하고 버스 안의 모든 사람들이 미국 대통령 행렬을 구경한다고 차창 밖 광경을 보느라 여념이 없을 때 아버지도 잠깐 차창 밖 광경에 정신을 뺏겼었는데, 아뿔싸! 그 와중에 전문 소매치기범이 우리 온 가족 모두의 생계가 걸려있던 아버지 수중의 전 재산을 몽땅 털어가 버린 사건이 터져 버린 것이었다. 이 사건으로 너무나 큰 심리적 충격을 받으신 아버지는 집으로 돌아온 그날 밤, 어머니께 더 이상 살아갈 능력도 의욕도 없다고 하시면서 모든 자식들을 데리고 함께 이 세상을 하직하자고 하셨단다.

이때 어머니께서 함경도 또순이의 기질을 십분 발휘하시어 의욕이 완전히 꺾이신 아버지를 설득하셨고 이에 아버지께서 겨우 마음을 돌리셨다고 한다 (이 이야기는 훗날 어머니께서 먼 친척 되시는 분에게 털어놓으셔서 우연히 알게 되었음). "하늘이 무너져도 솟아날 구멍이 있다고 하지 않는가? 지금은 아무 방법이 없는 것처럼 보일지라도 반드시 새로운 길이 열릴 것이라고 본다. 월남(越南)해서 여태까지 해 온 고생이 억울해서라도 그런 생각을 할 수 없다. 큰 아이는 자기 반에서 1등만 하는 우등생인데 너무나 아깝지 않은가? 다리 밑에 가서 거지처럼 살더라도 당신을 원망하지 않고 꿋꿋하게 살아갈 터이니 제발 마음을 돌려서 방법을 찾아보자."

함경도 어마이 ❖ 어느 월남 가족의 이야기 ❖

　간곡한 어머니의 호소에 결국 아버지께서 마음을 돌리셨다고 하는데, 이렇듯 간곡하고 절절한 어머니의 설득이 없었다면 어떤 일이 일어났을까? 정말이지 상상하기도 싫은 끔찍한 일이 아닐 수 없다.

　당시 34세이셨던 아버지는 어머니의 설득에 힘입어 불굴의 투지를 다시금 불태우시며 그때까지 살아온 정든 용산구를 떠나, 큰돈 안 들이고도 새로운 주거를 마련할 수 있다고 하던 성동구 금호동 산동네로 옮겨 가시기로 결심하셨던 바, 우리 가족 모두의 앞에는 새로운 도전이 가로 놓이게 된다.

　어쨌거나 가장 큰 시련은 두 분 부모님의 몫이었는데 수중에 큰돈도 없이, 나무 한 그루 없는 돌산 중턱의 나대지(裸垈地) 위에 집터를 새로 닦고 필요한 모든 자재를 만들고 구하면서 수고하신 두 분의 고생 덕분에 우리 가족에게는 새로운 보금자리가 마련되었다. 그곳 산동네에서 약 2년간 악전고투를 벌이신 결과 살림살이가 다시 안정이 되자 내가 중학교 1학년을 마치기 전에 부모님께서는 중구 신당동 소재의 반듯한 주택을 구입하셔서 금호동 산동네 시절을 마감할 수 있었다.

　그 후로 부모님께 다시 한번 크나큰 어려움이 찾아왔지만, 금호동 산동네 생활에서 체득하신 오뚝이 정신과 함경도민 특유의 끈질김을 발판삼아, 다시 한번 성북구 삼양동에 새로운 삶의 터전을 일구면서 또 한 번 역경을 극복하셔서 결국에는 슬하의 1남 4녀 모두 훌륭하게 키워내셨다.

　부모 형제를 모두 북녘땅에 남겨두고, 가까운 일가친

Ⅲ. 추모의 글

척 하나도 없는 이남 땅에서 역경을 이겨내시며 우리 1남 4녀 자식들이 자유로운 대한민국 땅에서 살아갈 수 있도록 터전을 마련해주신 "함경도 또순이"와 또순이 남편의 불굴의 오뚝이 정신에 우리 자식들 모두 머리 숙여 감사의 인사를 올립니다. 나아가 그 정신을 이어 받아 당신들의 손자손녀 또 증손주들 앞에 성공적인 인생이 펼쳐질 수 있도록 최선을 다해 살아갈 것임을 두 분 영전에 다짐해 봅니다.

아들 중학교 졸업식에서

함경도 어마이 ❖ 어느 월남 가족의 이야기 ❖

아들과 며느리 그리고 손자들

Ⅲ. 추모의 글

함경도 어마이

둘째 딸 장명숙

　나는 1955년 4월 8일 원효로 4가 66번지에서 태어났다. 커다란 일본식 적산가옥 이층집으로 기억된다. 아래층에 세를 들어 산 것 같다. 나는 그 집에서 자라던 추억이 어렴풋이 떠오른다. 그냥 엄마, 아버지, 오빠, 언니와 사는 것만으로도 마냥 행복했다.
　그 후 우리는 오빠가 6학년 무렵 금호동 산동네로 이사를 했다. 그 후 다시 신당동 디근자 한옥집으로 이사를 하고 나는 금호국민학교(지금의 초등학교)에서 광희국민학교 2학년으로 전학을 했다.
　엄마는 나에게 거는 기대가 크셨던 것 같다. 엄마는 내가 엄마처럼 사회생활도 못하고 남편이 벌어다 주는 돈으로 살림하고 애 키우며 살아가는 전업주부가 되는 것을 원치 않는다고 말씀하셨다. 그래서 나는 어렸을 적부터 꼭 초등학교 교사가 되기로 굳게 마음을 먹었다.
　4학년 무렵에는 엄마는 아들도 아닌 나에게 없는 살림에 과외를 시키시고, 다시 삼양동 달동네에 살 때도, 학교 앞 문방구 옆 과외 방에서 좋은 중학교에 가야 한다고 말씀하시며 과외를 시키셨다. 가끔 저녁도 준비해서 갖다주셨다. 나는 덕분에 사대문 안에 있는 배화여중/여고에 입학 장학생으로 입학했다. 입학시험 당일 날 엄마는 교문 앞 문방구에서 하루 종일 강추위에 떨

함경도 어마이 ❖ 어느 월남 가족의 이야기 ❖

며 나를 기다리시다 시험이 끝나자 나를 데리고 버스를 타고 미아리고개를 넘어 집으로 돌아오셨다.

나는 배화여고 졸업 후 서울교대에 응시했으나 낙방하여 1년 재수생활을 하고 어려운 가정형편에 어찌어찌 하여 건국대학교 사범대학 일어교육과에 입학 장학생으로 들어갔다. 첫 학기만 장학금을 받고 그 다음은 4년 내내 다음 학기 등록금 걱정을 하고 다녔다. 가정교사도 하고 아르바이트도 하였다. 엄마는 학자금 융자를 받아서라도 꼭 졸업을 하라고 하셨다.

대학시절 동안 나는 철이 없어서 학업에 전념하지 않고 스튜어디스 시험도 치고 다른 길에 한눈을 많이 팔았다. 그 당시 취직은 어려웠고 일어교사 임용고시도 못 붙어서 지방 여고에서 한 1년 일어교사로 일했다.

그 후 결혼을 하고 두 아이의 엄마로 살았다. 그 중 초등학교 시간강사로 일한 시기도, 또한 면세점 직원으로 일한 시기도 있었다. 세월은 빠르게 지나갔다. 시드니로 이민 와서 내가 딸에게 전심전력하여 시드니 치대를 보내고 치과 개업의로 키운 것도, 엄마가 나에게 거셨던 그 기대를 나의 다음 대에서라도 이루어 보고 싶었던 열망이 있었기 때문이다.

살림이 척박한 함경도 화전민 농가의 넷째 딸로 태어나셔서, 한국사의 격동기에 끔찍한 6.25 동란을 겪으신 엄마는 많이 못 배우시고 사회활동을 못하신 것을 늘 한스럽게 여기셨다. 엄마는 우리 5남매를 늘 빠듯한 형편에 먹이고 입히고 가르치시는 일에 전력투구를 다하셨다.

Ⅲ. 추모의 글

　엄마가 나를 통해서라도 엄마의 꿈을 이루어 보시려고 애를 쓰셨으나 나는 제대로 이루어 드리지도 못하고 살아생전 효도도 못했다.

　엄마는 나의 스승이시며 role model이셨고 인생의 멘토이셨다. 한국 역사의 격동 속에서 주어진 운명에 순응하며 한 여자로서의 삶을 강인한 정신력으로 꿋꿋이 살아 내신 훌륭한 여성이시다. 나는 엄마에게 언제까지나 늘 죄송할 따름이다.

　"엄마 저의 불효를 용서해 주세요.
　이제 하늘나라에서 외할머니, 이모님들, 아버지와 편안히 지내세요. 엄마 사랑합니다."

둘째 딸 결혼식에 모인 4자매

함경도 어마이 ❖ 어느 월남 가족의 이야기 ❖

호주 시드니에 거주하는 둘째 딸네 가족

Ⅲ. 추모의 글

그리운 엄마께

셋째 딸 장인명

엄마! 살아 계실 때에 자주 드리지 않았던 편지를 새삼스럽게 쓰자니 죄송한 마음이 앞서네요.
엄마의 인생에서 초복은 없었지만, 똑똑한 막내딸 덕분에 자서전도 내시게 되니 늦복은 있으신 것 같아요.

어린 시절 북한에서도 학구열이 대단하셔서 마을에 두어 명 남자아이들과 새벽에 오싹하는 호랑이 소리를 들어가며 소학교를 고생하면서 다니셨다 하셨고, 가난한 북한 생활과 그렇게도 힘든 6·25 전쟁을 온몸으로 겪으신 걸 보면 그런 생각이 더욱 드네요. 해마다 6월 25일이 되면 엄마가 겪으신 전쟁 이야기를 생생하게 해 주시곤 하셨지요. 그 말씀을 들으면서 얼마나 끔찍했던지 "난 전쟁이 나면 먼저 죽어야겠다."라는 생각을 했었던 기억이 납니다.

또한 우리 자매들이 초등학교 시절 학교에 등교하기 전에 책을 두 번 정도 읽지 않고서는 방에서 나가지 못한다는 규칙을 정하고는 지키도록 하셨어요. 그때는 어린 마음에 불만도 있었어요. 근데 엄마의 그런 규칙이 우리 5남매가 모두 공부 잘하고 말도 잘하는 아이들로 자라나게 한 것 같아요. 엄마의 학구열은 워낙 대단하셔서 손자 승원이가 중학생이 되어 영어 교과서를 받아

함경도 어마이 ❖ 어느 월남 가족의 이야기 ❖

오니 엄마도 영어를 좀 배우자고 하셨지요. 오십대 후반쯤이었는데도 글쓰기를 배우고 싶어 하셔서 번동에서 안국동 중앙문화센터까지 꽤나 먼 길을 버스를 타고 다니셨지요. 정말 대단하세요.

그러고 보니 제가 여러 가지 취미생활을 꾸준하게 하고 있는 것도 엄마를 약간은 닮은 것 같네요. 제가 뭘 배운다고 하면 언제나 잘했다고 격려해 주시고, 제가 그린 그림이 세상에서 제일 마음에 든다고 하셨어요.
제가 엄마를 제일 많이 닮아서 아버지가 싫어했다는 말도 이제 생각하면 웃음이 나네요. 어렸을 때에는 몸이 약해 엄마를 고생하시게 한 것도 생각나고, 대학교 진학을 하지 않고 직장을 다니고 또 은행을 다닐 때는 돈 버느라 네가 고생한다며 이른 아침에 나만 몰래 다진 고기를 계란에 볶아주시던 생각도 새삼스레 그립습니다.

엄마는 동물들도 사람처럼 대해 주셨지요. 옛날에 키우던 강아지들도 사람보다 먼저 밥을 주셨어요. 얘네들이 냄새만 맡으면 얼마나 힘들겠냐면서……
그리고 엄마가 예뻐해 주셨던 우리집 귀염둥이 심바가 얼마 전에 무지개다리를 건너갔어요. 엄마가 호두과자를 주시면 참으로 좋아하던 아이였는데, 엄마가 그곳에서 그 애도 잘 좀 보살펴 주실 거지요?

인생 후반기에 다리가 불편해지면서 노인유모차를 끌

Ⅲ. 추모의 글

고 다니시느라 고생도 많이 하시고, 또 노인성 치매로 고향 얘기를 반복하시는 것을 보니 많이 안타까웠어요. 그래도 엄마는 다섯이나 되는 자식들을 잘 키워 주셨고, 또 귀여운 손주들은 어디에 내놔도 자랑스러운 사람으로 성장해서 엄마의 자부심이 되었지요.

그러고 보면 엄마는 인생을 아주 잘 사신 것 같아요.

저희도 훌륭하신 엄마, 아빠를 본받아 열심히 살겠습니다. 그럼 하늘나라에서 사랑하는 아버지와 함께 편안하게 계세요.

셋째 딸네 가족

다시 태어나도 두 분의 딸로 태어나고 싶습니다!

막내딸 장복명

완벽한 해결사 우리 아버지, 배움의 열정이 높았던 우리 엄마! 다시 태어나도 두 분의 딸로 태어나고 싶습니다.

누가 나에게 이 세상에서 가장 존경하는 인물이 누구냐고 묻는다면 나는 서슴지 않고 우리 부모님이라고 대답하고 싶다. 이 세상에서 부모님을 존경하지 않는 사람이 어디 있을까마는, 스무 살도 안 된 어린 나이에 혈혈단신 월남하여 우리 5남매를 키우시면서 보여주셨던 두 분의 정직함과 소박함, 그리고 작은 일에도 충실하셨던 모습을, 나는 이 세상 다른 곳에서는 쉽게 찾아보지 못하면서 살아온 듯하다.

내가 기억할 수 있는 어린 시절, 4~5세부터 기억하는 아버지의 모습은, 집에서 항상 두 손으로 무엇인가를 직접 작업하셨던 모습이다. 퇴근 후에 아버지는 항상 머리에 모자를 쓰시고, 수건을 목에 거신 채, 축대를 쌓고, 아궁이를 만들고, 구들을 놓아서 방을 한 칸 더 늘이고, 지붕의 기와를 손보고, 도배장판을 직접 만지셨다. 여름 장마에 집 뒤 야산의 흙더미가 무너져 내릴까 봐 폭우 속에서 삽을 들고 물꼬를 내시던 모습, 야산

Ⅲ. 추모의 글

한 구석에 우물을 파서 두레박을 설치하시던 모습, 겨울에 수도가 나오지 않으면 물지게를 지고 물을 나르시던 모습, 겨울맞이 창호지를 바르고 김장 배추를 집에 들이시던 모습 등. 혼자서 그 일들을 완벽하게 해내시던 모습이 지금도 뇌리에 생생하다. 그런 모습을 보고 자란 나에게 우리 아버지는 항상 어떤 일이든지 문제가 생기면 나타나서 그 문제들을 손쉽게 해결해주시는 만능 해결사였다. 그 문제가 금전적인 문제이든, 물질적인 문제이든, 중대한 결정을 내려야 하는 가치 판단의 문제이든지, 나는 내게 발생했던 모든 문제를 아버지께 상의했고, 그럴 때마다 아버지는 한순간도 지체 없이 너무나 선명하게 그 문제들을 해결해주셨다. 아버지는 우리 5남매를 험난한 세상 풍파로부터 보호해주시는 튼튼한 방파제와 같았다.

아버지가 우리를 위해서 튼튼한 외벽을 쌓아주셨던 분이라면, 엄마는 총명한 기억력과 배움에 대한 강한 열정으로 우리의 지적 성장을 북돋아 주셨던 분이셨다. 엄마의 학업에 대한 열정이 없었다면 지금의 나는 존재하지 못했을 것이다. 대학교를 졸업하고 중등교사 임용 교사를 치루고 현직 교사로 나갈 것인가, 아니면 대학원에 진학할 것인가를 고민할 때, 대학원에 진학해서 학업을 계속하라고 강하게 후원해주신 분이 우리 엄마였다. 넉넉하지 않은 집안 살림을 고려한다면, 교사 임용고시를 준비해서 바로 교사 생활을 시작하는 것이 자연스러운 과정이었을 것이다. 그래서 대학교도 사범대학으로 진학을 하였던 것이다. 그러나 내가 대학원을

함경도 어마이 ❖ 어느 월남 가족의 이야기 ❖

진학하고 싶다고 했을 때 엄마는 곧바로 내 편을 들어주시고, 대학원의 첫 번째 등록금도 아버지 몰래, 없는 형편에 마련해서 학업의 첫걸음을 떼게 해주셨다. 엄마의 그런 학구열이 없었더라면 나는 학업을 직업으로 삼는 교수직을 절대로 수행할 수 없었을 것이다. 세상을 마감하기 직전까지 주간보호센터에서 새로운 것을 배우고 기록하시는 것을 제일 즐거워하셨던 엄마, 90이 넘은 나이에도 잠이 안 오는 밤에는 일제 강점기에 함께 공부했던 친구들의 일본식 이름을 외우셨다는 엄마. 내 짝 이름은 아야꼬, 앞자리 친구는 미찌꼬 … 등, 또한 등교 길마다 황국신민사상을 외우게 했던 일제 강점기의 학교 풍경을 소상히 기억하셨던 엄마의 배움의 열정을 우리 5남매는 정신적인 자양분으로 삼고 자라났.

  이 세상 이승과 저승의 인연을 자유롭게 연결시켜주는 전능하신 신이 있어서, 내게 이 세상의 소원을 하나만 말하라고 한다면 나는 다음과 같이 대답할 것이다. "이 세상에 다시 태어날 수 있다면, 우리 부모님의 딸로 꼭 태어나게 해 주십시오. 그러면 그때는 부모님의 가르치심을 이 세상에서 온전하게 실천하고 싶습니다."

  부디 이제는 하늘나라에서 두 분이 손목을 꼭 잡고 그리운 고향 땅을 자유롭게 여행하시길 바랍니다.

Ⅲ. 추모의 글

막내딸네 가족

함경도 어마이 ❖ 어느 월남 가족의 이야기 ❖

할아버지 할머니에 대한 기도

손자 장원석

할아버지 할머니를 생각하면 함께 살았던 시간들이 많이 그립습니다.

두 분 모두 아픈 곳 없이 편안하게 다시 만나셨으리라 믿습니다. 항상 기억하고 그리워합니다.

사랑합니다! 할아버지 할머니.

손자 장원석 돌 사진

Ⅲ. 추모의 글

손자 장원석 결혼사진

함경도 어마이 ❖ 어느 월남 가족의 이야기 ❖

할아버지 할머니에 대한 추억

손자 장지성

어릴 때부터 할머니 할아버지와 함께 살았기에 저에겐 부모님과도 같은 존재셨습니다. 항상 집에 가면 계셨던 분들이라 아직도 집에 가면 웃으면서 반겨 주실 것만 같습니다.

어릴 때부터 함께한 기억들이 너무나도 생생하고 추억도 무척이나 많습니다.

할아버지 할머니가 제 할아버지 할머니라 너무 행복했고 즐거웠습니다. 사랑합니다!

손자 장지성 돌 사진

Ⅲ. 추모의 글

손자 장지성네 가족

외할아버지에 대한 기억들
- 소년기 번동 외갓집의 추억 -

외손자 이승원

나의 외할아버지는 1950년 6.25전쟁 당시에 고향을 잃고 남쪽으로 피난오신 실향민이시다. 그래도 서울에 정착하셔서, 외할머니와 자식 5남매를 두고, 자식들이 다 결혼을 해서 두 명씩 자식을 낳아 손자, 손녀들까지 20명의 자손을 남기시고 돌아가셨다…….

나는 유년기부터 계속 부모님이 맞벌이를 하셔서 외갓집에서 오래 지내왔다. 지금도 이모들과 옛날 돌보아 주었던 이야기들을 나누는 추억이 좋다. 외할아버지는 내가 늦게 결혼하고 가정을 이뤄서 50대라는 나이 때에서 비교하기는 어렵지만, 그 옛날 가부장적인 아버지의 모습은 아니셨다. 이북에서 가족도 없이 결혼해 홀로 내려오셔서 가족들의 생계를 책임지겠다는 성실함으로 번동에 단독주택을 마련하셨고, 자식들을 모두 훌륭하게 출가시키셨다. 내가 초등학교 4학년(1980년도)때 면목동에서 번동 외갓집으로 이사 오면서 외할아버지의 보살핌을 많이 받았다.

외할아버지는 그 당시 어린 내가 봤을 때도 어려운 분이 아니셨다. 용산의 미8군부대에서 일하시면서 번동 집 장만을 하셨지만, 자주 초콜릿, 사탕, 햄 등 애들이

Ⅲ. 추모의 글

좋아하는 것들을 사다 주셨고, 항상 밥 먹을 때마다 "승원아~" 찾으면서 잘 챙겨주셨다. 여름에는 우이동 계곡으로 자주 데리고 다니셨는데, 번동 가족들과 맛있는 음식을 싸가지고 하루 종일 놀다가 온 적이 많았고, 동생 주원이와 나를 데리고 함경도 장흥 면민회에 나가셔서 가족들 자랑도 하면서 함께 즐겁게 보낸 추억들이 지금도 우이동 도선사를 다닐 때마다 생각이 난다.

특히 번동 집에 대한 애착이 많으셨다. 마당 바닥을 모르타르로 미장작업도 하시고, 바깥 화장실 수리, 지하실 보일러 수리, 지붕수리 등 쉬는 날에는 집 수선하시는 데 시간을 보내셨다. 땀도 많이 흘리시던 분이라 항상 여름에는 흰색 민소매 런닝과 반바지 파자마를 입고 목에는 수건을 거신 모습이 기억난다. 외삼촌이 결혼했을 때 번동 집에서 친척분들과 며칠 동안 잔치를 하는 모습은 어린 내 눈으로 봤을 때도 자랑스러워 보였다. 난 지금도 번동 집이 나중에 이사 간 일산 신안아파트보다 더 크고, 멋있어 보인다. 외할아버지께서 그때를 가장 기뻐하신 것 같다. 나는 외할머니께서 항상 챙겨주고, 이모들이 잘 보살펴 줬다는 점들이 먼저 생각나지만, 외할아버지는 본인의 즐거움보다는 가족, 식구들에 대한 행복을 위하여 희생을 하셨다. 지금 내가 어른으로 생활해보니, 직장생활 하면서 친구나 지인들과 밤새 술 마시고 늦게 들어오고 많이 놀러 다녔는데, 외할아버지는 그렇게 생활하지 않으셨다. 보청기를 끼시고 생활하셔서 소리를 잘 못 들으셨지만, 항상 안방에서 외할머니와 대화를 많이 나누셨던 모습들이 생각난다.

함경도 어마이 ❖ 어느 월남 가족의 이야기 ❖

　이제 외할머님이 돌아가신 지 1년이 지난 시점에 나의 어린 시절부터 지금까지 아버지와 같이 보살펴 주셨던 외할아버지를 생각하며 글을 마칩니다.

외손자 이승원네 가족

Ⅲ. 추모의 글

외손녀 이주원네 가족

외손녀 이주원과 아들 정연우 군

함경도 어마이 ❖ 어느 월남 가족의 이야기 ❖

휴머니스트셨던 외할머니

외손녀 오유리

"번동 외갓집"하면 외손주들이 각각 떠올리는 추억들이 있을 것이다. 우리가 오씨, 이씨, 김씨, 각각 다른 성을 가진 외사촌들이지만 각자 번동 외갓집에 관한 아련한 기억들이 있을 것이다. 지금은 재개발로 인해 낯선 건물이 세워져 다시 가서 기웃거리지도 못하는 상상속의 장소이다.

나는 가끔씩 외할머니와 번동 외갓집 앞마당 콘크리트 계단에 같이 앉아 고구마순 껍질 까던 평온한 오후의 기억, 외할머니와 대문 옆 대추나무에서 대추 따던 수확의 기쁨으로 신이 나던 기억, 명절 때면 지금은 그 어느 맛집에서도 재현할 수 없는 수제 만두, 수제 송편들을 외할머니와 같이 만들어 먹던 기억 등을 떠올리면 외할머니가 나에게 참 많은 것을 주고 가셨구나! 새삼 깨닫게 된다.

번동 외갓집의 대모이셨던 외할머니는 함경남도 영흥에서 서울로 피란을 오셔서 타지에서 새 터전, 새 삶을 일구고 사셨는데 타향살이의 어려움 속에서도 휴머니스트로 사셨다. 호주에서 29년째 타향살이를 하고 있는 나에게는 대선배님이시다. 낯선 곳에서 역경과 고난, 도전을 온몸으로 막아내면서도 인간답게 현재적 소망과

Ⅲ. 추모의 글

행복에 가치를 두는 삶을 앞서 살아가신 휴머니스트 외할머니 - 그 대선배님이 나에게 주고 가신 메시지는 다음 5가지이다.

첫째, 가족사랑

외할머니는 자식들에게, 손주들에게 사랑을 많이 나누어 주셨다. 우리 가족이 2년간의 유학생활을 마치고 귀국하여 거처가 없을 때 외할머니는 선뜻 번동 안방을 내어 주셨다. 초등학생이었던 나는 호주에서 끌고 온 매트리스를 번동 안방 온돌에 깔고, 화려한 자개장 옆에서 자는 게 색다른 여행지 숙소체험인 마냥 철없이 좋아했었다. 외할머니는 둘째 딸네 가족이 빨리 다시 한국생활에 정착하기를 바라는 마음에서 숙식을 지원해 주셨다.

번동 외갓집에서 외할머니가 가족들을 보살피시던 모습들은 영화 장면들처럼 기억이 난다. 새벽에 일찍 일어나셔서 부엌 불을 켜시고 복명이 이모 대학원 도시락을 새지 말라고 라면 비닐봉지에 고무줄로 꽁꽁 싸시던 모습, 승원이 오빠가 고3 수험공부할 때 밤참으로 마실 서울 커피우유를 구하러 동네 슈퍼 3군데를 도시던 모습. 외할머니는 열심히 가족들을 사랑하셨다.

둘째, 신토불이

내가 중학교 다닐 무렵 우루과이라운드 협상이 한창이었고, 국민들은 우리 농수축산물을 지키자고 '신토불이' 노래도 많이 부르곤 했다. 외할머니는 시사에 강하

함경도 어마이 ❖ 어느 월남 가족의 이야기 ❖

셨고 식구들을 국산 농수축산물로 이북식 가정식백반을 먹이는 일이 우루과이라운드 협상 후에는 어려워진다는 것을 알고 계셨다. 지금은 우리가 푸드 마일리지의 중요성, 한식을 위주로 한 집 밥의 중요성, 농업/축산업/수산업이 외교관계에 미치는 중요성, 전시 상황에서나 비 전시 상황에서나 농수축산물의 무기화를 알고 있지만 그때는 외국의 압력에 협상이 체결되었다. 외할머니는 그 후 중국산 고사리 등 외국 농산물들을 별로 좋아하지 않으셨다. 국산 배추로 담근 묵은지를 잘 씻어 된장 지짐이를 만들어 주시며 이런 것을 먹어야 몸에 좋다고 하셨다. 바쁘고 여유 없는 일상 속에서 맥도날드 맥너겟과 아이스 카페라떼가 주식이 되어버린 나는 외할머니의 신토불이 밥상이 그립다.

셋째, 식물사랑

코로나 기간 동안 나는 화분들을 하나 둘 사들이기 시작했는데, 나도 모르게 지금 트렌드인 플랜테리어를 시작한 것이다. 외할머니는 시대를 앞서 플랜테리어를 하셨는데, 번동 집 창문들 앞 난간은 화분들로 가득 차 있었다. 외할머니는 달걀껍질도 화분흙에 넣으시고, 물도 주시고, 잎에 먼지도 닦으시고 정성으로 식물을 기르셨다. 외할머니는 자투리 공간을 이용해 집터를 아름답게 가꾸셨다. 그런 식물들이 잠시 걱정을 잊게 하여 마음에 위안이 되었던 것 같다.

넷째, 동물사랑

외할머니는 동물들/펫들도 사랑으로 돌보셨다. 금붕어와 자라들은 먹이를 잘 먹어 크기들이 평균보다 컸고 멍멍이들은 외할머니가 매일 생선 뼈, 잡곡 등을 넣고 푹 끓여 주신 웰빙 건강식을 먹고 털에 윤기가 반지르르 하고 코가 축축했다. 외할머니는 마음이 따뜻하신 동물 애호가이셨다.

다섯째, 기록의 습관

외할머니는 항상 기록하는 것을 좋아하셨다. 새벽에 주무시다가 깨시면 장 볼 리스트 내지 반찬 메뉴를 머리맡 종이에 적어 놓으시기도 하시고 가계부를 상에서 쓰시기도 하셨다. 지금 같은 디지털, 언택트 시대에 손글씨는 많은 감성을 불러일으키는데 외할머니의 필체는 나에게 그리움, 설렘, 애석함 등 여러 감성/감정의 응집이다. 외할머니는 외할아버지 살아생전에 손편지를 호주에 있는 우리 가족에게 보내시곤 하셨다. 외할아버지가 겉봉투 영문 주소를 써 주셨고 안에는 외할머니의 필체로 여러 가족들 소식, 고국 소식들이 쓰여 있었다. 외할머니의 기록하시는 습관은 그 후에 일기장으로 이어졌고, 이 책도 그 일기장을 토대로 나오게 되었다. 외할머니는 기록은 증거이자 힘이라는 것을 알고 계셨던 것 같다.

외할머니 돌아가시기 몇 년 전부터 나는 외할머니 이북 음식 레시피들, 외할머니가 구전으로 들려주셨던 이야기들/일화들, 외할머니가 쓰시던 표현/비유/묘사/관용

함경도 어마이 ❖ 어느 월남 가족의 이야기 ❖

어구들을 기록해 놓으면 좋겠다고 막연히 생각만 했었는데 지금은 불가능하게 되어서 안타깝다.

이런 기록들이 개인소장 가치만 있는 게 아니라 우리나라 문화/역사 면에서도 큰 가치가 있는데 내가 마음으로만 애국자이지 실행력이나 파워는 미비한 것 같아 반성하게 되고 더 힘을 길러야 될 것 같다.

 외할머니가 가르쳐 주신 5가지를 실행하며 슬기로운 타지생활을 하고 외할머니를 실망시키드리지 않는 후배/외손녀가 되도록 살아야겠다.

외손녀 오유리의 돌잔치

Ⅲ. 추모의 글

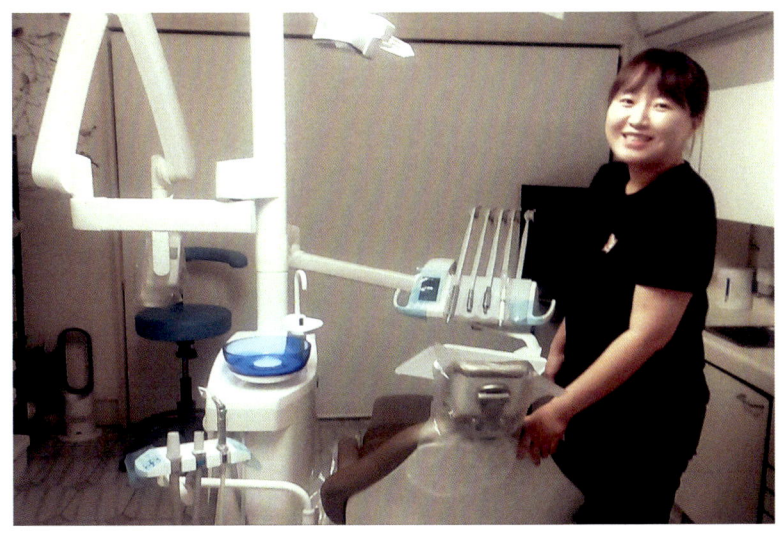

호주 시드니에서 치과의사로 활동 중인 외손녀 오유리

둘째 딸과 외손자 오건우

함경도 어마이 ❖ 어느 월남 가족의 이야기 ❖

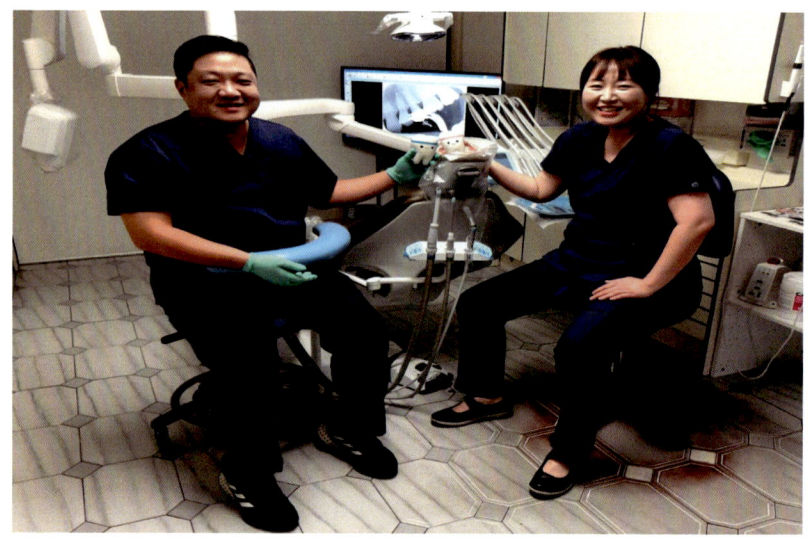

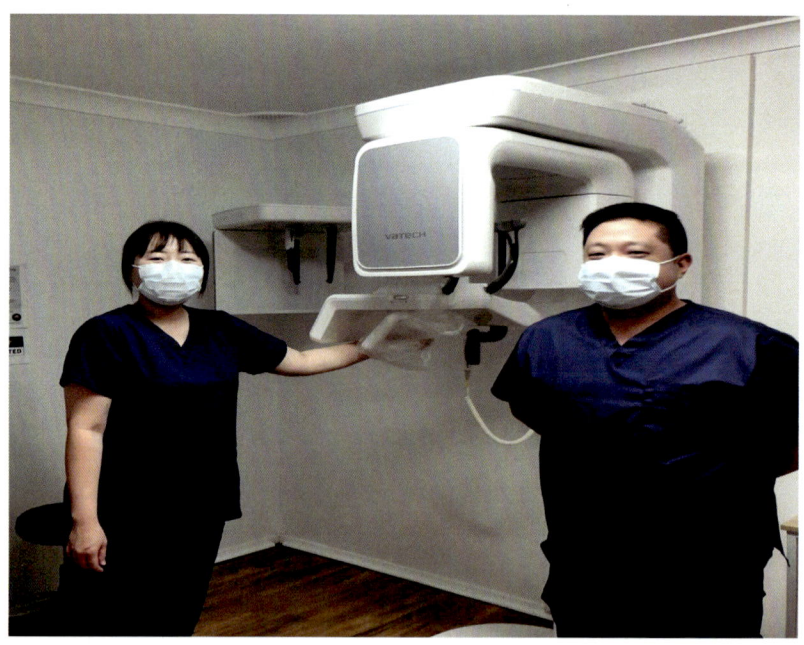

호주에서 치과 병원을 함께 경영하는 외손주 오유리·건우

Ⅲ. 추모의 글

손녀 선민이가 외할머니께 드리는 글

외손녀 이선민

할머니! 그곳에서 할아버지와 함께 편안하게 계시는 지요?

저는 할머니를 생각하면 번동의 단독주택에서 함께 살던 제 초등학교 1~2학년 때의 기억이 가장 먼저 떠올라요. 집 앞에 때마다 찾아오던 고양이, 강아지들에게 밥을 주시던 할머니 옆에서 세상 모든 생명에 대한 존중심을 저도 모르게 익혔던 것 같고, 소화가 안 되신다며 스프에 밥을 말아 드시던 할머니를 왠지 모르게 따라하고 싶어서 같이 먹다 보니 정말 맛있어서 우리는 식성이 비슷하다며 동질감을 느꼈던 적도 있었지요. 스프 밥(?)과는 정반대 같지만 할머니가 만들어 주신 꼬막무침은 여덟, 아홉 살 나이였는데도 빠져 죽게 열심히 먹었던 기억도 생생합니다. 함께 목욕탕에 가서 때 밀어 주시는 게 아프다고 도망 다녔던 추억도 머릿속을 잘 되짚어 보니 자리하고 있네요. 마룻바닥에서 한국전쟁 때 외삼촌을 업고 기차에 매달려 피난 내려와 할아버지의 생사를 찾아 떠돈 얘기를 한 시간 넘게 들으며 머릿속으로 한 편의 전쟁영화를 상상 나래를 펼쳤던 적도, 그 모든 장면들이 한두 컷 혹은 몇 초 정도의 필름 형상으로 제 머릿속에 분명히 현재까지는 존재하는데 제가 나이를 더 먹어가면서 그 기억들이 사라질 것이

함경도 어마이 ❖ 어느 월남 가족의 이야기 ❖

약간 두렵습니다.
 그러나 커 갈수록 할머니께 더 자주 찾아가 뵙고, 더 연락을 드리지 않았던 손녀였다는 게 죄송스럽고 또 죄송스럽습니다. 가끔 있었던 온 가족 모임에서 제가 할머니를 챙긴다며 기특해하셨던 것도 저는 그저 그때만 잠시 챙겨 드렸던 것뿐인데, 참 뵐 면목이 뒤늦게 갑자기 없습니다만 이제는 뵐 수도 없으니 저는 게으르고 무심했던 손녀인 게 분명하네요.

 제 딸 수현이가 팔뼈를 다쳐서 금이 갔는데, 깁스를 한 채로 가족 모임에 갔을 때 일입니다. 할머니께서 말씀하시기를 돌아가신 할아버지가 어쩌다 애를 다치게 했냐고 하셨다면서, 몇 번이고 같은 말씀을 하실 때부터 걱정이 확 와 닿았던 것 같습니다. 친할머니와도 그렇게 헤어졌지마는 치매라는 것은 인간에게 너무나 서글픕니다. 그런데 다시 생각해 보니 정말 할머니 꿈에 할아버지가 오셨던 건 아닐까 싶기도 합니다. 그 병의 영역은 무섭지만 한편으로는 신비롭기까지도 한 것 같습니다.
 그래도 끝까지 공부를 사랑하시고 삶을 치열하고 열심히 살아내셨던, 깐깐하지만 다정한 할머니의 모습이 저에게는 거의 전부로 남아있습니다. 일제강점기와 한국전쟁이라는 역경을 이기시고 제 어머니와 일가친척을 잘 이루어 주신 은혜에는 그저 최선을 다해 행복하게 사는 게 보답 아닌 보답일 것 같습니다. 제 조부모님 중에서 가장 오래 사셔서, 애틋했지만 그렇게 살갑게

Ⅲ. 추모의 글

다가가지 않았던 손녀를 용서하시고 하늘에서는 기쁨과 즐거움만 부디 가득가득하시기를 염치없지만 이 자리에서 빌어 봅니다.

    할머니, 사랑했고 사랑하고 사랑하겠습니다!

외손녀 이선민네 가족

함경도 어마이 ❖ 어느 월남 가족의 이야기 ❖

손자 석호가 외할머니께 드리는 글

외손자 이석호

안녕하세요, 할머니~
할머니가 무척이나 귀여워하던 손자 석호예요 ^^

그곳에선 부디 편안하신지요? 저는 할머니와 할아버지를 생각하면 유난히 저를 귀여워하셨던 생각이 떠오릅니다. 일산 집에 방문드릴 때마다 '아이고, 우리 호랑이 왔구나~♥'라고 부르시면서 반가워하시던 모습에 '할머니가 계실 때 많이 찾아뵈야겠구나'라고 혼자 생각했던 것도 생각납니다.

사실, 그때를 떠올려보니 할아버지가 살아계실 때도 생각나는데요, 유난히 목소리도 크고 몸도 크게 느껴졌던 할아버지가 좀 무섭게 느껴진 것도 사실입니다. 하지만 생각해보니 그런 것들이 저를 반갑고 이쁘게 느끼셔서 하셨던 일 들인데, 좀 더 살갑게 행동하지 못했던 것 들이 죄송스런 마음이 드네요. 특히, 번동에서 함께 살면서 지낼 때 한번은 할머니와 할아버지에게 '깡통들의 모임!'이라고 고함을 쳤던 순간이 지금도 떠오릅니다. 가족들 모두 호쾌히 웃으면서 지나갔지만 당시 할머니와 할아버지께는 상처가 되지 않았을까? 하는 생각

Ⅲ. 추모의 글

에 마음이 조금 무겁습니다.

 돌아가시기 몇 주 전, 요양원에서 마지막으로 뵈었을 때 유리벽을 가운데 두고 아무것도 해 드릴 수 없었던 그때 느꼈던 안타까움이 지금도 생생합니다. 그래도 할머니께서 다른 분들에 비해서 건강해 보이셔서 앞으로도 자주 와야겠다고 생각했는데, 세상은 참 무심하더라구요.

 제가 이런 이야기를 하는 것은 잘해 드린 것이 없는 저에게 무한한 애정을 보여주셨던 모습을 존경하면서 한편으로 죄송스런 마음이 들어서 인 것 같습니다. 할머니께서 저를 포함하여 제 배우자, 예진이에게도 언제나 이뻐해 주시고 친절히 대해 주셨던 그 따뜻한 마음을, 평생 제 마음에 간직하겠습니다. 할머니와 할아버지에게 좀 더 따뜻한 모습을 보여드리지 못한 제 자신을 반성하면서, 부디 그곳에서는 유난히 할머니를 좋아했던 심바와 함께 편안하시길 바라옵니다.

    죄송하고 사랑합니다~~
    할머니 !~~

함경도 어마이 ❖ 어느 월남 가족의 이야기 ❖

외손자 이석호네 가족

Ⅲ. 추모의 글

외할머니의 이주

외손녀 김민승

　식민지 조선인의 이동성에 대한 논문을 준비하며 할머니의 일기를 읽었다. 한 사람의 이주가 내포한 경계 넘기, 관계 맺기, 또 여러 가지 시간들에 깊게 빠져들었고 앞으로도 첫 문단을 읽은 순간을 잊지 못할 것이다.

　할머니는 위안부 징집을 피해 약혼 했고 또 해방 후 생존을 위해 월남한 외할아버지를 따라 서울에 오셨다. 전쟁 중엔 피난을 다니셨고 다시 정착할 때까지 매일을 걷고 또 걸으셨다. 이러한 반복된 이동과 정착이 뜻하는 바를 끊임없이 질문하며 나의 글쓰기도 나아갈 것이다. 기록을 남겨주신 할머니께 감사드린다. 멀리서도 사랑으로 나의 여정 잘 살펴 주시길 바란다.

함경도 어마이 ❖ 어느 월남 가족의 이야기 ❖

외손녀 김민승과 신랑

Ⅲ. 추모의 글

긍정적이셨던 외할머니를 본받고 싶습니다.

외손자 김민석

외할머니는 나를 항상 장군이라고 부르셨다. 두 달 정도마다 방문했던 외할머니 집은 따뜻한 곳이었다. 외할머니는 글쓰기도 잘하시고 노래도 잘 부르셨다. 내 기억 속에 외할머니는 밝고 생산적인 분이셨다.

그렇지만 젊은 시절에는 일제강점기과 한국전쟁을 거치시며 고향을 떠나와 서울에 정착하기까지 고생을 정말 많이 하셨다.

이러한 과정을 생각하면 내가 지금 당연하게 누리고 있는 것들이 그렇지 않았다는 사실에 숙연해지면서 외할머니가 하늘에서는 건강하고 행복하게 지내셨으면 좋겠다.

시대가 한 사람의 인생을 괴롭게 했지만, 불행하게 만들 수는 없었다. 긍정적이고 생산적이셨던 우리 외할머니를 본받고 싶은 마음뿐이다.

외할아버지·외할머니의 삶의 태도를 거울삼아, 앞으로도 내 앞길을 열심히 개척하리라 다짐해본다.

함경도 어마이 ❖ 어느 월남 가족의 이야기 ❖

외손주 김민승·민석이와 함께

외손녀 김민승의 결혼식을 축하하는 가족

부록   プリント（学習図）

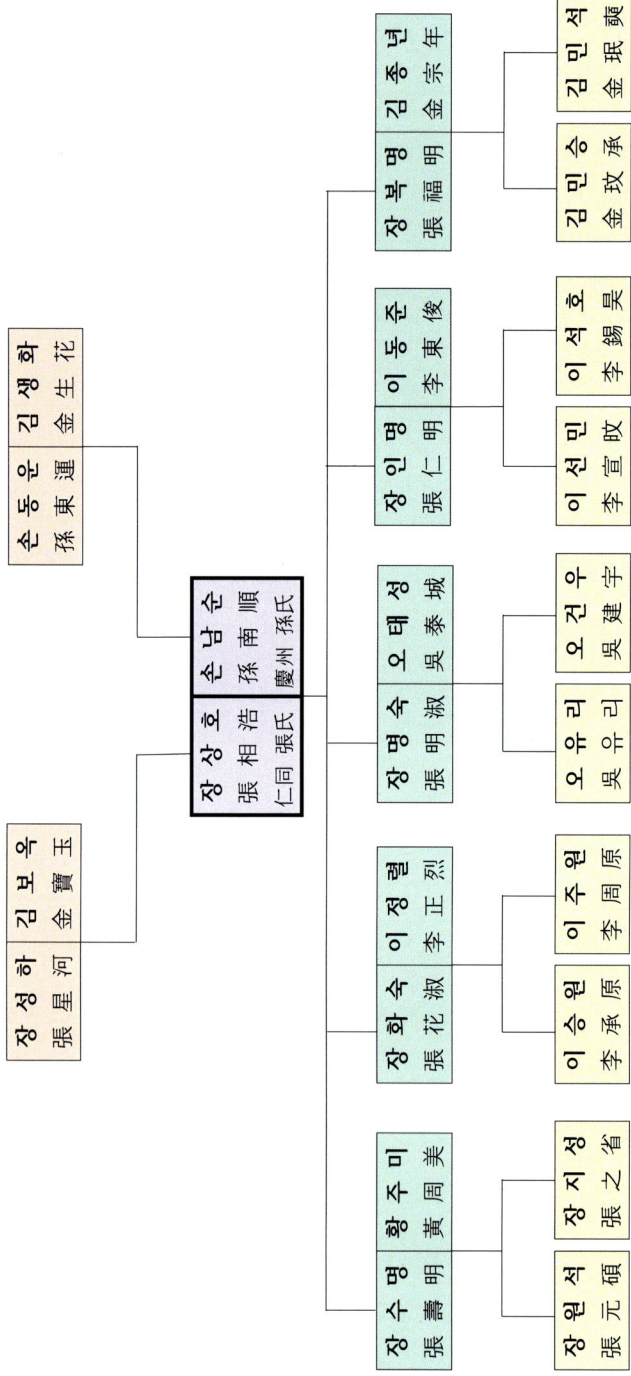